REPUTAÇÃO EMPRESARIAL

Daniel Bruin

REPUTAÇÃO EMPRESARIAL

Armadilhas e desafios na gestão da imagem corporativa

© 2024 - Daniel Bruin
Direitos em língua portuguesa para o Brasil: Matrix Editora
www.matrixeditora.com.br
/MatrixEditora | @matrixeditora | /matrixeditora

Diretor editorial
Paulo Tadeu

Capa, projeto gráfico e diagramação
Patricia Delgado da Costa

Revisão
Adriana Wrege
Cida Medeiros

CIP-BRASIL - CATALOGAÇÃO NA PUBLICAÇÃO
SINDICATO NACIONAL DOS EDITORES DE LIVROS, RJ

B916r

Bruin, Daniel
 Reputação empresarial / Daniel Bruin. - 1. ed. - São Paulo: Matrix, 2024.
 104 p.

 ISBN 978-65-5616-440-3

 1. Imagem corporativa. 2. Comunicação empresarial. 3. Comunicação de massa e negócios. I. Título.

24-88587   CDD: 659.285
                                            CDU: 659.4

Gabriela Faray Ferreira Lopes - Bibliotecária - CRB-7/6643

Sumário

Agradecimentos 9

Introdução 13

Parte um
    Um ativo muito valioso 19
    Elementos da reputação 27
    Como ganhar e perder reputação 45
    O desafio de medir 53

Parte dois
    A ascensão do ESG 57
    As redes sociais mudaram o jogo 63
    O papel dos influenciadores digitais 67
    Inteligência artificial, reputação real 71

Parte três
    Colocando tudo a perder: os casos 75

Conclusão 101

Para Rita, Gabriel e André

Agradecimentos

A decisão de escrever este livro só veio quando tive certeza de que já tinha aprendido o suficiente para colocar algo de valor no papel (e na tela). A partir do que observei em dezoito anos de jornalismo, decidi entrar nesse tema da comunicação e do marketing justamente pela curiosidade sobre o que levava marcas a serem tão expostas aos efeitos de seu comportamento e àquilo que lhes acontecia de forma imprevista. Nesta caminhada, que já dura 22 anos, contei com a ajuda e os ensinamentos – muitas vezes involuntários – de três monstros sagrados. E aqui fica para eles meu principal agradecimento, infelizmente *in memoriam* para os três.

Com Julio Ribeiro, para quem trabalhei na Talent, aprendi que os caminhos para um produto ou serviço ter sucesso e ser imune a crises de reputação estão no estudo constante do tipo de público que vai consumi-los, seus anseios, carências e motivações. É o primeiro passo para planejar todo o resto, e Julio Ribeiro foi o mestre do planejamento na propaganda brasileira. Mesmo dominando esse processo, sempre achei curiosa sua permanente angústia para entender mais e melhor a cabeça do consumidor. Julio nunca estava satisfeito. O que tinha em mãos nunca era o suficiente. Questionou, pesquisou, estudou e aprendeu até o fim, mesmo sendo um mito do mercado publicitário.

Mario Castelar foi um dos mais originais profissionais do marketing brasileiro. Trabalhar a seu lado na Nestlé era uma viagem cotidiana às formas mais simples de interpretar a cabeça do consumidor e fazer as marcas entrarem em sintonia com ele. Castelo, como era conhecido pelos íntimos, tinha uma fórmula única para se fazer entender pelos pares: utilizava letras de músicas brasileiras antigas, de preferência sambas-canção, para sintetizar o sentimento e a motivação do povo simples, que ia ao supermercado com dinheiro contado para as compras e precisava sentir uma conexão legítima com a marca que tinha escolhido. Seu livro *O marketing da nova geração* (lembro que ele não gostava do título) é uma síntese desse pensamento: todos os capítulos começam com a letra de um samba. Mais do que um gênio do marketing, Castelar era um mestre das relações humanas.

Encontrei muita gente que duvidava que eu realmente trabalhava com Alex Periscinoto, com quem dividi uma sala por cinco anos na consultoria SPGA (o "P" era de Periscinoto). O último empreendimento de um dos maiores gênios da propaganda brasileira de todos os tempos era perfeito para seu estilo de colaborar com algum projeto: ouvia a opinião de todos, em absoluto silêncio, e depois sintetizava com brilhantismo a solução do problema e encerrava com uma ideia sensacional. Alex foi único, por essa e por outras coisas. Para mim, ficou a lição de nunca achar que uma determinada ideia é a melhor, mas apenas provar que ela merece ser ouvida (no caso da dele, era de longe a melhor). Alex também foi um supremo cavalheiro, atencioso e educado com todos. Fomos a várias reuniões com clientes em que, ao final, havia filas para tirar foto com o mito Periscinoto. Ele agradecia a deferência com incrível humildade e atendia a todos com um sorriso. Nunca se achou melhor do que ninguém, embora pudesse fazê-lo. Para mim, acima de tudo, foi um aprendizado de humildade e respeito.

Também devo um agradecimento especial a Augusto Carneiro, meu primeiro mentor, que descobriu em mim as supostas qualidades para enveredar pela comunicação e marketing no início dos anos 2000, em um tempo em que eu vivia apenas do jornalismo e não imaginava que poderia abrir caminho no mundo da gestão e reputação das marcas. A sondagem para disputar uma vaga na comunicação de uma multinacional de bebidas foi o início de uma amizade que dura até hoje. Augusto foi uma daquelas influências que mudam sua vida, e procuro seguir o mesmo caminho com meu trabalho de mentoria executiva.

Também me senti honrado com a colaboração dada por Simon Cole, CEO da consultoria britânica Reputation Dividend, uma das mais importantes do mundo em valoração e reputação de marcas. Simon atualizou dados importantes que constam neste livro, o que enriqueceu bastante o cenário global de gestão de reputação apresentado aqui.

E, ao final, um agradecimento especial a Paulo Tadeu, meu editor, amigo e colega de faculdade. Passamos algum tempo "temperando" a ideia deste livro, pensando na melhor abordagem e conteúdo, bem como no momento de publicá-lo. Empreendedor nato e entusiasta das boas ideias, Paulo fez da Matrix uma editora aberta a tendências plurais e pensamentos de todos os matizes, sempre ligada no que a sociedade quer ler. Por isso faz tanto sucesso, e me sinto privilegiado de publicar meu livro aqui.

Muitas outras pessoas tiveram algum papel na edição deste livro, colaborando com dados, sugestões ou simplesmente incentivando a empreitada (o que é parte fundamental do processo). A todas elas – e seria impossível nominá-las aqui – fica minha eterna gratidão e a esperança de que o resultado faça jus a essa confiança. Afinal, estamos falando aqui de reputação não só de marcas, mas também – e talvez principalmente – das pessoas que estão por trás delas.

Introdução

Poucos conceitos empresariais são tão variados e discutidos quanto aquele que define o que é reputação corporativa. Para produzir um artigo publicado em 2016, os pesquisadores Markus Göbel e Rick Vogel, da Universidade de Hamburgo, da Alemanha, levantaram dados bibliográficos de 5.885 publicações sobre o tema em todo o mundo e chegaram à conclusão de que "não há consenso sobre uma definição" sobre o tema. A definição mais aceita é a formulada por Charles Fombrun, especialista internacional no assunto, ex-professor da Universidade de Nova York e fundador do Reputation Institute: "A reputação de uma empresa é a avaliação global que as partes interessadas internas e externas fazem de uma organização, com base nas suas ações passadas e na probabilidade do seu comportamento futuro". Foi sob essa premissa, tão ampla quanto fascinante, que este livro foi escrito.

Uma das lendas mais antigas sobre a necessidade de ter e manter reputação vem da história de Pompeia Sula, segunda esposa do imperador Júlio Cesar. Em 62 a.C., mesmo não tendo sido provado que Pompeia cometera adultério, César decidiu se divorciar, sob o argumento de que não poderia pairar a menor dúvida sobre a honra de sua esposa. Daí nasceu o provérbio "À mulher de César não basta ser honesta, deve parecer honesta", que atravessou os séculos como o lema favorito de quem deseja justificar o julgamento do caráter e das ações de alguma pessoa e, mais recentemente, de uma empresa.

Esse é também, no final das contas, o grande objetivo deste livro: mostrar como é arenosa e inconstante a tarefa de parecer virtuoso ou qualificado aos olhos da sociedade, desafio que atravessou os séculos, gerando grandes julgamentos e injustiças na ânsia de determinar a boa índole ou a correção das ações de alguém.

Essa odisseia tornou-se também, dos anos 1920 para cá, uma via-crúcis para empresas, corporações e instituições de todos os tipos, origens e segmentos de mercado. A sanha julgadora da sociedade transferiu-se para o âmbito empresarial, assim que a Revolução Industrial mostrou, a partir do século XVIII, que o novo mundo que estava nascendo, baseado na produção em escala e no uso massivo da mão de obra, também colocaria sob juízo público as ações, os serviços, os produtos e os desvios dos empreendedores.

Em uma escala que naturalmente começou tímida – embora já fossem comuns críticas a indústrias e produtos nas ruas poluídas de pó de carvão das maiores cidades fabris da Inglaterra da época –, nas últimas décadas, a evolução da sociedade de consumo e a consciência de cidadania que invadem os cinco continentes passaram a ser juízes cada vez mais rigorosos. Nos últimos anos, esse julgamento transcendeu a opinião para se tornar fator determinante do sucesso de toda a cadeia empresarial no planeta, do menor negócio de bairro ao grande conglomerado global.

E, embora esteja definida como uma prática essencialmente ocidental, é impossível negar que os princípios da gestão de reputação são um dos poucos sistemas de avaliação que valem em qualquer lugar do mundo, independentemente da cultura, religião ou sistema político. Inerente à condição humana, tem mais ou menos peso, de acordo com os valores e características de cada parte do planeta. Mas seus sinais vitais são facilmente reconhecidos em qualquer lugar.

Mas como um conjunto de opiniões de pessoas inicialmente alheias à cadeia produtiva ou de serviços pode ser tão determinante para o sucesso ou o fracasso de empreender? Essa pergunta fascina estudiosos do assunto há décadas. A chave da resposta parece estar na característica imutável do ser humano de se espelhar no próximo, ou mesmo de julgá-lo por padrões próprios ou definidos em sociedade, para que seja possível dar um veredito sobre as ações ou comportamentos de alguém.

E, quando falamos em ações e comportamentos humanos sendo objetiva e sumariamente julgados nos dois últimos séculos, é impossível não ficar curioso sobre o que Sigmund Freud pensava sobre isso. Aparentemente, ele não se dedicou a escrever exclusivamente sobre a reputação alheia, mas sua frase "quando Pedro me fala sobre Paulo, sei mais de Pedro que de Paulo" é um pequeno resumo de sua visão sobre esse processo essencialmente psicológico e, mais ainda, humano. E, ao julgar permanentemente os atos, pensamentos e até os sonhos de seus pacientes, Freud talvez tenha identificado onde nasce a necessidade inconsciente do julgamento moral de indivíduos, também aplicado posteriormente ao mundo do consumo.

Sua própria reputação foi colocada à prova diversas vezes, em outros tempos e sob outros parâmetros, e resistiu até a revisões posteriores sobre seu trabalho e métodos. Mas, também por um processo instigante de depuração histórica – talvez mais comum em uma época em que ainda não havia plataformas de busca e redes sociais –, seu legado e sua imagem pessoal acabaram prevalecendo de forma praticamente ilesa.

Outras figuras históricas, e até empresas que não se comportaram adequadamente em relação à sociedade, se beneficiaram desse sistema de depuração, mas isso funcionou apenas até meados do século XX. Fatores como o crescimento e desenvolvimento do jornalismo, da propaganda e das relações públicas escancararam biografias e não mais deixaram, de forma crescente, que nenhum ato, intenção, boa ou má prática ficassem desconhecidos, fora dos holofotes e do crivo da sociedade.

A consultoria de reputação norte-americana Reputation X situou na história da civilização ocidental a evolução da reputação corporativa. Ela se divide em grandes espaços de tempo:

1. Civilizações antigas e Idade Média – ambas focadas naturalmente na reputação pessoal
2. A era industrial (1760 - 1940)
3. O alvorecer das relações públicas (1900 - final do século XX)
4. A era da internet (década de 1990 - presente) e
5. A era do Google (anos 2000 - presente)

Os dois últimos se entrelaçam porque, sabidamente, o Google só foi possível com o advento da internet, talvez a invenção mais importante da história humana, ao lado da roda, da prensa móvel, do telégrafo e do automóvel – o fogo e a penicilina são descobertas, não invenções. Voltaremos mais adiante a este tema, principalmente à divisão histórica causada pela entrada das relações públicas no "reputation game".

Essa perspectiva histórica de certa forma é confirmada pelo seminal artigo "Introduction: corporate reputation in historical perspective" ("Introdução: reputação corporativa em perspectiva histórica", em tradução livre), de Rowena Olegario e Christopher McKenna, publicado em 2013 pela *Business History Review*, da Cambridge University Press. Nele, se confirma a teoria de que a Revolução Industrial deu início à busca de uma reputação voltada aos benefícios comerciais e empresariais, só vista de forma mais abrangente e estratégica a partir dos anos 1980. Diversos teóricos do tema tentaram distinguir a reputação das construções relacionadas a imagem, identidade, status, legitimidade, celebridade e *brand equity* das organizações. Segundo os autores, essa odisseia continua até hoje em andamento, mas sem uma fórmula definitiva.

O grande divisor de águas na forma de encarar a reputação de empresas – não mais como um simples conjunto de opiniões sobre produtos e serviços, e sim como um bem subjetivo latente – foi o grande guru do investimento Warren Buffett. Um dos homens mais ricos do mundo, Buffett também é conhecido como "O Oráculo de Omaha", por suas previsões, conselhos e análises sobre o mercado financeiro mundial. Nascido em 1930 na cidade de Omaha, no Nebraska, incluiu a reputação de uma empresa entre seus bens mais importantes na hora de avaliar uma aquisição ou precificar uma ação na bolsa de valores.

Claro que na década de 1980, quando suas opiniões sobre esse tema começaram a se tornar famosas, muitos já sabiam que uma empresa com boa reputação valia mais e poderia ter uma vida muito mais longa se tivesse uma boa imagem. Mas Buffett traduziu essa equação para uma linguagem que o mundo financeiro entendia e respeitava, e isso abriu as portas para que o assunto entrasse de vez nos currículos dos cursos de marketing, gestão e economia das grandes universidades de todo o mundo.

Sua frase seminal sobre o tema, dita em uma entrevista à CNBC em 2017, é: "São necessários vinte anos para construir uma reputação e cinco minutos para arruiná-la" (a frase inteira ainda tem "se você pensar nisso, fará as coisas de maneira diferente", mas essa parte acabou esquecida com o tempo). Embora simples, a frase traz uma reflexão importante sobre a volatilidade da reputação, sua condição de bem instável e frágil, exposto ao sabor dos ventos dos acontecimentos imprevisíveis.

É provável que Buffett tenha percebido que a condição humana de julgar e avaliar tudo e todos o tempo todo pode causar desvios e prejuízos em pouquíssimos minutos. Já a árdua tarefa de construir uma boa imagem ao longo de décadas, com investimento considerável de tempo, recursos e energia, pode não ser suficiente para enfrentar alguns dias de chuva. No livro *Berkshire beyond Buffett: the enduring value of values* ("Berkshire além de Buffett: o valor duradouro dos valores", em tradução livre), Lawrence Cunningham afirma que um dos méritos de Buffett foi demonstrar que uma boa reputação pode substituir uma linha de crédito no banco, ou seja, com uma boa imagem é possível ter acesso a ativos e a uma valorização de seus ativos que substituem a necessidade de as empresas precisarem se alavancar no banco para crescer.

Essa visão permeou a formação e a atuação de praticamente todos os profissionais que passaram a trabalhar com reputação corporativa nas últimas décadas, de um jeito ou de outro. Mas o próprio Buffett teve seu momento de encarar o desafio de manter a reputação em uma situação altamente perigosa. No início dos anos 1990, o investidor assumiu como CEO do Salomon Brothers, instituição financeira da qual era investidor e que passava por um enorme escândalo devido a fraudes cometidas por seus executivos. Cheirando uma oportunidade para lucrar, Buffett assumiu o posto e começou uma limpeza na instituição: afastou executivos envolvidos nas fraudes, cortou funcionários e reconquistou a confiança dos investidores e das agências regulatórias do governo norte-americano.

Mas em muitos momentos desse episódio sua reputação foi questionada pelos que viam como um enorme risco seu nome estar associado a um escândalo financeiro – e de imagem – tão grande. Não é sabido se ele se arrependeu dessa aventura, mas outra vez uma de suas frases lapidares ficou registrada durante o episódio. Em uma entrevista à imprensa em maio de 1991, Buffett aconselhou, de improviso: "Não faça nada que não o deixe feliz em ter um repórter hostil, mas inteligente, escrevendo na primeira página de um jornal". Também é dessa época a frase talvez mais marcante e representativa de todo o pensamento de Buffett a respeito do tema deste livro: "Perca dinheiro da empresa, mesmo muito dinheiro, e serei compreensivo; perca a reputação da companhia, mesmo que seja um pingo de reputação, e serei implacável".

Os casos escolhidos para ilustrar este livro procuram, de alguma forma, mostrar a forte ligação entre a reputação e a sobrevivência de uma organização, e como essa interdependência pode se manifestar de diversas formas e ter várias origens. Procuramos trazer aqueles exemplos mais recentes, diversos e, também, os mais significativos na longa lista de histórias e eventos que mostram como a estabilidade e a segurança podem estar por um fio e quão próximos podem andar o desastre e a aniquilação.

Em se tratando de reputação, não há espaço para hesitação, desentendimento e falta de preparo. Por isso ela é uma ciência tão fascinante quanto selvagem.

PARTE UM

Um ativo muito valioso

Em minhas aulas e palestras costumo fazer uma provocação inicial perguntando qual é o peso da reputação no valor total de uma empresa. Compreensivelmente, poucos acertam a resposta, pois é uma pergunta difícil de ser respondida, considerando que ainda não estamos acostumados a dar valor àquilo que não é material, que não pode ser visto ou tocado. Mas, em mercados mais avançados, principalmente nos Estados Unidos, há mais de duas décadas se tornou uma prática comum valorizar fatores intangíveis como a reputação. Por meio de metodologias cada vez mais avançadas, é possível separar o valor do que é tangível, que pode ser visto, contado ou mensurado, daquilo que é apenas uma percepção. Pode não ser fácil dar um valor muitas vezes absurdo para algo com o qual você não consegue ter uma experiência sensorial, mas é uma prática que se tornou ainda mais utilizada em tempos de tecnologias que permitem, por exemplo, armazenamento de dados em nuvem e transações financeiras virtuais nas quais em nenhum momento é vista uma moeda ou nota sequer. Tudo é feito via telas e teclados. Por muito tempo, a economia formal avaliou os ativos de uma organização por meio de seus bens materiais: fábricas, máquinas, estoques, redes de distribuição, até as patentes, que, embora estejam apenas em um pedaço de papel, tiveram um papel intermediário no que se conheceria depois como um valor não palpável de uma companhia. Fazer essa conta era relativamente fácil, porque tudo era avaliado em estado físico (até a autenticidade do papel em que se imprimia a patente).

Nas últimas décadas emergiu o conceito de intangível, traduzido por bens imateriais que as empresas passaram a deter: tecnologias (mais do que patentes), capital intelectual (formado pela maior concentração possível de talentos sob o mesmo teto), penetração da marca, direitos autorais, contratos de fornecimento, softwares, admiração dos funcionários e outros. Todos esses tópicos foram descritos e definidos na obra seminal *Capitalism without capital: the rise of the intangible economy* (*Capitalismo sem capital: a ascensão da economia intangível*), de Jonathan Haskel e Stian Westlake, publicado em 2017.

Tal avaliação tornou-se mais importante à medida que os ativos intangíveis passaram a ter um valor cada vez maior se comparados aos ativos tangíveis. Essa discussão se tornou tão importante que o McKinsey Global Institute publicou, em 16 de junho de 2021, um artigo sobre uma pesquisa feita com mais de 860 executivos que revelava que as empresas que estão no quadrante que mais cresce na economia investem 2,6 vezes mais em intangíveis do que as empresas de baixo crescimento. O mesmo artigo mostra que, nos 25 anos anteriores ao estudo, os Estados Unidos e as dez principais economias europeias aumentaram em 29% o investimento em ativos intangíveis, enquanto entre os ativos tangíveis houve um decréscimo de 13%. Isso tem sido associado ao aumento da produtividade nessas economias como um todo.

Entre todos os ativos intangíveis, a reputação é o mais discutido e avaliado nos últimos anos. Como definir o valor daquilo que é percebido sobre marcas e empresas é um grande desafio. Em um estudo de 2023, com base no desempenho das empresas que compõem o índice S&P da Bolsa de Valores de Nova York, a consultoria britânica Reputation Dividend chegou a um valor de US$ 11.387 trilhões para os ativos intangíveis dessas empresas, o que corresponde a 31% de seu valor de mercado (no início da série histórica, esse número era próximo de zero, em 2017). Ou seja, quase um terço do valor das principais empresas listadas na bolsa americana não pode ser visto ou tocado!

Reputação empresarial

O impacto da reputação entre as empresas do S&P 500

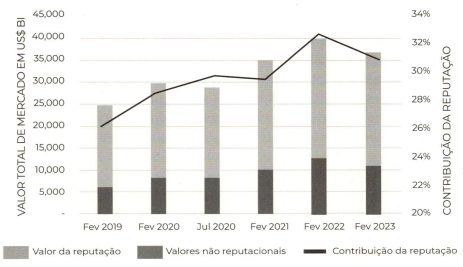

Fonte: Reputation Dividend

O dado mais assombroso é que o mesmo estudo mostra que, nas dez marcas que lideram o ranking, o intangível representado pela reputação representa mais da metade do valor de mercado dessas organizações. Em 2023, quase 60% do valor da Apple, a primeira da lista, se devia à sua reputação e a bens intangíveis, o que é algo realmente sem precedentes. Isso equivale a US$ 1,376 trilhão, valor maior que praticamente todas as economias do planeta, com exceção das dez maiores.

	Contribuição da reputação	Valor de mercado	Valor da reputação (em US$ bi)
Apple	59,1%	2328	1376
UnitedHealth Group	55,0%	447	246
Microsoft	55,0%	1928	1060
Occidental Petroleum	54,2%	54	29
Deere & Co	54,2%	121	65
Johnson & Johnson	53,3%	389	207
Procter & Gamble	53,0%	331	175
NVIDIA	52,9%	536	284
Visa	52,5%	453	238
Amazon	52,1%	1025	534

As 10 reputações mais valiosas dos Estados Unidos - Fevereiro 2023

Fonte: Reputation Dividend

A grande virada na percepção da reputação corporativa veio quando o mundo financeiro e empresarial percebeu que ela valia dinheiro. Mesmo antes da conceituação seminal de Warren Buffett, nascida da percepção de que os investidores e acionistas consideram a reputação um ativo, já era possível perceber a ligação entre uma boa imagem perante clientes e sociedade e sua implicação no valor de mercado da companhia.

Esse fenômeno está ligado também ao surgimento do *branding* e seu reconhecimento como uma ferramenta fundamental para criar, manter e principalmente avaliar marcas. Um dos itens que compõem a valoração de uma marca é sua reputação. E é nessa parte que nos deparamos com uma zona cinzenta, ou menos precisa, dentro dos critérios bastante objetivos que costumam marcar o processo de *branding*. As variáveis que costumam determinar o valor da reputação nem sempre são muito claras – ou *accountable*, como dizem os especialistas de Wall Street. Mas abordaremos esse aspecto mais adiante.

Como indicador de que o *branding* se tornou uma disciplina importantíssima, e trouxe junto a reputação corporativa – e elas andarão interligadas por toda a sua jornada –, ao longo dos últimos 40 anos surgiram muitas empresas especializadas em analisar e valorar marcas, contando com o vetor "reputação" em sua fórmula. Algumas, como Interbrand, FutureBrand e Landor, pertencentes aos grandes conglomerados globais de propaganda e marketing, elevaram essa categoria ao nível de excelência e amplitude dentro do espectro de percepção dos grandes clientes. Em suas fórmulas de avaliação de marcas, conta – e muito – como consumidores e demais públicos da cadeia de *stakeholders* avaliam e julgam as ações, produtos e serviços das grandes corporações.

Essa febre também chegou ao Brasil, onde a partir da década de 2000 floresceram rankings das "empresas mais admiradas", que perduram até hoje. Baseados em critérios que vão da performance financeira até a percepção da opinião pública medida por pesquisas, esses rankings também são um fenômeno mundial e se tornaram ferramentas poderosas de estratégias de marketing das empresas mais bem colocadas na tabela. Paradoxalmente, nesse caso, ser "admirado" deixou de ser uma obrigação e passou a ser uma conquista a ser celebrada em anúncios e eventos – embora nem sempre dirigidos ao público em geral, e sim a agentes específicos da cadeia de *stakeholders*, de acordo com o interesse pontual.

Além da questão puramente de *branding*, ou consideração da marca, muitas empresas especializadas unicamente em reputação também pipocaram pelo mundo, criando metodologias que pudessem dar às marcas o peso aproximado e "ranquear" aquelas mais bem consideradas pela opinião pública ou públicos específicos de interesse. Consultorias como Reputation Institute, Reputation Dividend, Reputation X e outras apareceram como resultado da elevação do "ativo intangível" (ou aquele que não se pode medir pelas métricas tradicionais) à condição de elemento fundamental na aritmética que determina o valor de mercado de uma empresa.

Entre eles, o Reputation Institute vem tendo um papel predominante em alguns países, como o Brasil, ao estabelecer métricas bastante robustas para medir a temperatura e o valor da reputação de empresas de praticamente todos os segmentos. Fundado em 1999 por Charles Fombrun, ex-professor da Universidade de Nova York, e Cees van Riel, professor na Rotterdam School of Management, o Reputation Institute mudou o seu nome para RepTrak em 2020, assumindo uma posição mais de consultoria de serviços do que de um instituto, que o nome original sugeria. RepTrack é o nome de sua metodologia, que inicialmente se chamava Reputation Quotient (ou quociente de reputação), e acabou se transformando no nome da empresa.

Todo esse movimento de quantificação da reputação como um ativo essencial na formação de valor de uma companhia teve seu impulsionador mais forte e incontrolável em Wall Street. Como já vimos, a grande vedete da história da reputação como protagonista do mercado financeiro foi Warren Buffett, e muito do que veio depois e junto com ele ajudou a construir o conceito de que não se pode abrir mão de cuidar meticulosamente da imagem que a sociedade tem de sua empresa, sob pena de ver o valor das ações caírem na bolsa de valores, ao sabor de notícias ou manifestações de consumidores sobre seus serviços e marcas.

Essa relação entre reputação e o valor patrimonial da empresa – a soma dos ativos intangíveis com os tangíveis – levou ao desenvolvimento de metodologias capazes de aferir a real contribuição que a imagem tem no bolo final da avaliação financeira. A consultoria Reputation Dividend publicou um ranking em 2022 com a participação da reputação no valor de mercado das 10 maiores empresas dos Estados Unidos, e, embora seja uma atualização de um primeiro ranking semelhante publicado em 2016, não deixa de apresentar resultados assombrosos.

Também chama a atenção o fato de que todas as empresas que estão nos primeiros 10 lugares da tabela devem mais de 50% de seu valor aos ativos intangíveis. No início desse tipo de estudo, era comum atribuir o fenômeno ao fato de que as principais integrantes do ranking eram empresas de tecnologia, e que por isso seria natural uma prevalência de negócios baseados em patentes e softwares, que não são ativos físicos. No entanto, o ranking das 10 maiores feito em 2022 traz empresas como Johnson & Johnson, fabricante de produtos farmacológicos, e Target e Walmart, dois gigantes do varejo (e que possuem inúmeros ativos físicos, como lojas e centros de distribuição).

É uma verdadeira revolução o fato de que a reputação passou a ser percebida como algo de muito valor na avaliação das marcas e que deve ser constantemente avaliado e monetizado. Certamente soaria estranho, mesmo aos antigos mestres da economia, que alguém pagaria por uma empresa metade de seu valor por algo que não vê ou toca, apenas "intui". Mesmo ainda hoje há uma certa restrição em relação a esse conceito, principalmente em mercados menos desenvolvidos, fora dos Estados Unidos e da Europa.

Um grande passo para tornar essa medição um elemento permanente na avaliação das empresas veio da fixação do valor dos intangíveis, que as próprias empresas passaram a considerar em seus balanços e resultados financeiros nos últimos 30 anos, apoiadas pelas grandes consultorias de negócios, como McKinsey e Deloitte. A partir da elaboração e adoção de uma fórmula eficiente e verificável para determinar o valor dos ativos intangíveis, passou a ser obrigatório que tal informação constasse em balanço. Em tempos em que a governança corporativa é um princípio fundamental, os ativos intangíveis ganharam um inédito protagonismo. Abordaremos esse lado da questão mais adiante.

Na esteira desse processo, naturalmente as principais bolsas de valores do planeta começaram a embutir no preço das ações o valor dos intangíveis. Na crise das hipotecas nos Estados Unidos, em 2008, muitas empresas do setor quebraram porque o noticiário negativo afetou tanto sua imagem que elas simplesmente não conseguiam mais receber empréstimos e "dinheiro novo" de investidores para honrar seus compromissos. Ninguém quer emprestar dinheiro a uma empresa que está atolada em notícias ruins sobre sua saúde financeira e solvência. Isso se reflete diretamente no preço das ações, criando uma roda-viva em que cada fator de piora afeta o seguinte, levando a uma perda quase total do valor de mercado. Uma bola de neve que vai crescendo e esmagando qualquer resquício de respeitabilidade que ainda houver.

Tal dado não deixa de ser assustador, considerando que entre essas centenas de empresas há representantes de segmentos em que a reputação não é algo tão significativo, como energia e agronegócio. Se levarmos em conta as inúmeras possibilidades de corte por setor econômico, veremos que em alguns a reputação tem um peso significativamente maior do que em outros. Um relatório do Reputation Dividend nos Estados Unidos mostrou que em 2021 setores como finanças, assistência médica, imobiliário e tecnologia deviam cerca de 40% de seu valor à reputação. Dada a importância que esses segmentos possuem na vida do cidadão comum, é natural que dependam tanto da forma como são vistos, julgados e considerados pela opinião pública.

Fonte: The 2021 US Reputation Value Report / Reputation Dividend

De qualquer maneira, todos esses dados, balanços, análises e rankings servem para evidenciar cada vez mais o que Warren Buffett apregoa desde os anos 1990: não existe negócio saudável e rentável sem uma boa reputação. Essa simples constatação causou uma mudança cultural fundamental nas últimas décadas, com o empoderamento da opinião pública e da cadeia de públicos de interesse específicos como juízes implacáveis para o sucesso de um empreendimento, em todas as esferas.

Mas o que exatamente compõe essa grossa camada de impressões e atitudes que uma marca deve gerar e executar para ter uma boa reputação? Por que parece tão fácil para algumas e tão desafiador e catastrófico para outras? É o que veremos a seguir.

Elementos da reputação

O menu que compõe a reputação tem ingredientes básicos, que podem ser acrescidos de diversos itens. Essa fórmula vem sendo aperfeiçoada e atualizada nas últimas décadas, com o desenvolvimento de metodologias e o aparecimento de novas formas de interação e avaliação das empresas, além de conceitos como cidadania, sustentabilidade e *compliance*. Mas há um consenso global sobre aquilo que é parte imutável da alma *mater* da percepção pública de uma empresa ou instituição.

Para apresentar essa composição é preciso tomar alguns cuidados. Há conceitos que se apresentam como a primeira ou única fonte de consideração de uma marca ou organização, como o *branding*, disciplina preferida de profissionais de marketing e publicidade. A princípio, o *branding* (que deriva da palavra *brand*, em inglês – marca, em português) era apenas a representação simbólica de uma empresa ou marca, mas nas últimas décadas o conceito se expandiu para uma expressão dos conceitos e valores de uma empresa ou marca. Mesmo com essa evolução, são claros os limites entre *branding* e reputação. Nenhum consumidor ou público de interesse irá julgar as ações ou produtos e serviços de uma companhia por causa do *branding*, mas, sim, terá sua atenção atraída para eles. A reputação se refere fundamentalmente a julgamento. É uma ótica reversa.

O estudo do Reputation Dividend de 2021, que estipulou em US$ 11,3 trilhões o valor da reputação das 500 empresas que compõem o índice S&P da Bolsa de Valores de Nova York, dividiu assim os elementos que a constituem:

Alocação do valor reputacional nas empresas do índice S&P 500

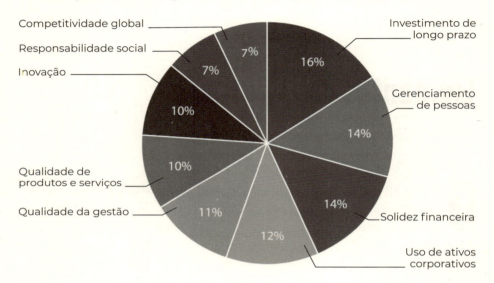

Fonte: Reputation Dividend

Essa divisão leva em consideração que muitas dessas empresas são multinacionais e possuem uma estrutura de bens intangíveis mais sofisticada do que a grande maioria das organizações de todo o mundo. Embora tenha havido, ao longo dos anos, uma intensa criação de subdivisões e "filhotes" de conceitos fundamentais, até para fins de modelo de pesquisa mercadológica e acadêmica, preferimos apresentar, a seguir, as áreas de forma simplificada.

Oferta de bons produtos e serviços

Milhares de horas de pesquisas e pensamento aplicado não puderam mudar o princípio básico de qualquer estrutura reputacional. Não se conhece nenhuma empresa ou instituição que tenha atingido o "nirvana" da reputação sem primeiro ter garantido bons serviços e produtos a seus consumidores. Em comunicação, há vários conceitos móveis e questionáveis, mas esse parece ser tão sólido quanto um asteroide. Por outro lado, parece incrível que muitas empresas não considerem esse o ponto de partida da construção de sua reputação, gerando uma certeza de praticamente 100% de que terão problemas com sua imagem em algum momento de sua trajetória.

Essa reflexão, que parece óbvia, nasce primeiramente da constatação de que a imagem de muitas empresas cresceu e se desenvolveu a partir de seus produtos e serviços. A enorme reputação da Coca-Cola nasceu do remédio que se transformou em refrigerante gaseificado com xarope, acondicionado em uma garrafa quase rudimentar. Em volta dela se desenvolveu a The Coca-Cola Company, um colosso da indústria de bebidas e outros negócios. Mas a origem do produto segue se confundindo com a da empresa que a produz. A reputação e a longevidade de um garante a sobrevivência do outro.

Assim como a Coca-Cola, a lâmina de barbear Gillette se tornou tão famosa quanto a empresa homônima que a criou, e que também se transformou em uma organização global de grande sucesso. A The Gillette Company original foi fundada em 1902, como fabricante das famosas lâminas, e foi vendida em 2005 para a gigante Procter & Gamble, que logo extinguiu o nome da empresa, diluindo-o em sua divisão de cuidados pessoais, mantendo intacto o nome da linha de produtos Gillette. Mas até hoje a correlação entre fabricante e produto sobrevive na memória dos que se lembram da referência original.

No setor de serviços, muitos se lembram de diversas máximas de Sam Walton para seus empregados do Walmart, desde sua fundação, em 1962. Sua filosofia de atender bem o consumidor em primeiro lugar traduziu-se em um dos maiores ativos de reputação empresarial de que se tem notícia. Qualquer estudante de administração, economia ou marketing que se preze deve ter ouvido e gravado a frase "Existe apenas um chefe: o cliente. E ele pode demitir todos na empresa, até o presidente, simplesmente gastando o dinheiro em outro lugar".

Nas últimas décadas, porém, o surgimento das grandes corporações multinacionais, que controlam centenas de marcas em diversos países, tornou esse cenário um pouco mais complicado. Não é mais tão fácil identificar o fabricante ou provedor de produtos e serviços. Existem até mesmo corporações que oferecem ambos. Tal quadro, que a princípio exigiria uma análise simplista, fica mais complicado quando pensamos sobre o surgimento relativamente recente das grandes empresas de tecnologia, que derramam sua atuação e imagem em áreas tão diversas quanto próximas do cotidiano da população. A mesma empresa que provê acesso à internet também produz conteúdo que ajuda a decidir sobre qual produto ou serviço de outras companhias adquirir. Veremos as implicações desse novo cenário mais à frente.

No estudo "The state of corporate reputation" ("O estado da comunicação corporativa"), publicado em 2020 pela agência global de relações públicas Weber Shandwick, é possível ver como na opinião de executivos do mundo inteiro a preocupação maior é com a qualidade de produtos e serviços. Eles sabem do que estão falando, pois seus empregos e gordos bônus ao final do ano dependem desse entendimento.

Fonte: Estudo "The State of Corporate Reputation", Weber Shandwick, 2020

Então, como fazer a checagem permanente da qualidade e unir essa percepção a quem realmente é o responsável? Em muitos casos, a reputação da grande corporação é utilizada como uma garantia de qualidade, mas em outros a preferência é deixar as próprias marcas fazerem essa interação com o consumidor. Que, por sua vez, foi obrigado a desenvolver um agudo senso de observação e análise para saber quem realmente está por trás do produto ou serviço que está adquirindo. Ao mesmo tempo que foi ficando mais exigente, o cidadão também precisou desenvolver habilidades inéditas para identificar a "aura" das organizações, que passaram a considerar essa relação – ainda que obrigatoriamente – fundamental para o sucesso dos negócios. É o que veremos a seguir.

Respeito ao consumidor

Até meados do século passado, soaria no mínimo estranho a um empresário médio ter de ouvir o consumidor, com um grau de profundidade considerável, antes de lançar um produto ou serviço. A ideia de que o cidadão que está na ponta de todo o caminho de idealização, produção e venda é a parte mais importante do processo – não por apenas ter o dinheiro e a iniciativa de comprar algo, mas pela capacidade de julgar, analisar e transmitir a muitos outros cidadãos sua opinião – é relativamente nova.

Claro que a pesquisa de opinião é mais antiga do que o próprio conceito de reputação, e sempre foi usada para medir preferências do futuro consumidor, mas essa relação mudou drasticamente nos últimos 30 ou 40 anos, graças a uma combinação entre o fortalecimento do conceito de cidadania – apoiado na atuação de grupos e entidades de direitos civis – e a facilidade de criar e trocar informações em meios de difusão turbinados pela internet.

Essa fórmula trouxe ao consumidor um poder de julgamento e influência no sucesso de marcas, produtos e serviços inédito na história da civilização. Há milhares de estudos e teorias sobre a psicologia do consumo, que dissecam como esse poder foi construído e alimentado por circunstâncias econômicas, mercadológicas e sociais, mas aqui vamos nos ater unicamente ao conceito de respeito ao consumidor como um fator preponderante de construção de reputação.

A partir dessa realidade, as empresas passaram a ver, ler e ouvir tudo o que pensam os consumidores em todos os canais possíveis de expressão, notadamente sites e portais de compras ou aqueles especializados em fornecer os "customers reviews" – ou as avaliações de produtos e serviços. E não interessam apenas as opiniões sobre esses itens, mas também como está a imagem da companhia em termos de comportamento social, respeito ao meio ambiente e outras variantes que abordaremos mais adiante. São pequenos "tribunais", que possuem o poder de turbinar ou enterrar uma venda. Segundo um estudo feito pela Reputation X, 85% dos consumidores confiam nas avaliações da internet tanto como nas recomendações pessoais de amigos e conhecidos; 49% dos consumidores precisam de pelo menos uma classificação de quatro estrelas antes de optar por uma empresa; e cada estrela de classificação adicional no site de avaliações on-line Yelp provoca um aumento de 9% nas receitas da empresa.

Em diversos países, incluindo o Brasil, há equipes inteiras de profissionais dentro das maiores empresas se dedicando a procurar, ler e responder satisfatoriamente a esse "julgamento". Dar uma resposta convincente, justa e o mais transparente possível ajuda a amenizar uma má avaliação – apenas uma delas pode se multiplicar como fagulha em rastilho de pólvora nas redes e se tornar uma ameaça potencial.

Há também os sites e serviços independentes, especializados em receber e repassar reclamações sobre todo tipo de problemas do consumidor ao adquirir desde o mais simples até o mais sofisticado dos produtos ou serviços. No Brasil, o Reclame Aqui é referência nesse segmento no momento em que este livro é escrito.

Em outra frente, aumentam os investimentos nos Serviços de Atendimento ao Consumidor (SACs), que são conhecidos também por outros nomes mais pomposos, mas que igualmente existem para fazer um atendimento relativo a qualquer reclamação do consumidor e transformá-la. Grandes investimentos têm sido feitos nessa área, embora não poucas vezes, por uma fina ironia, o próprio serviço de atendimento ao consumidor se torne uma fonte de insatisfação e reclamação por parte de quem precisa dele para ter sua reclamação ouvida e seu problema resolvido. Muitas empresas ainda não entenderam que essas portas abertas ao consumidor são também um lugar de onde se pode olhar para dentro da organização e identificar suas deficiências.

Vale notar que todo esse movimento foi acompanhado de uma evolução na legislação da maioria dos países em relação aos direitos dos consumidores, como parte da discussão mais ampla sobre democracia, cidadania e direitos civis. No Brasil, o Código de Defesa do Consumidor, em 11 de setembro de 1990, por meio de uma lei federal, tornou-se uma referência global no assunto. Embora tenha sofrido, a princípio, das desconfianças típicas de um país onde leis e códigos podem ou não pegar, com o passar dos anos esse conjunto de normas se solidificou como uma importante ferramenta nas relações de consumo, protegendo os direitos do consumidor em relação à qualidade de produtos e serviços de forma bastante ampla.

Assim como ocorreu em diversas partes do mundo, o sucesso na implantação do Código de Defesa do Consumidor fez as empresas brasileiras considerarem inúmeros fatores de qualidade, eficiência e transparência, como nunca haviam feito. Embora ainda se registrem muitos problemas nessa relação, principalmente por parte de empresas que insistem em burlar ou infringir o Código, o "tribunal" do consumidor ficou mais forte e decisivo.

Um empresário padrão que dormisse nos anos 1970 e acordasse hoje certamente teria dificuldades de entender como se transformou a relação entre empresas e consumidores. Sinal dos tempos.

Ambiente de trabalho

Ao mesmo tempo que assistiram à crescente importância da opinião do consumidor – e da inadiável necessidade de ouvi-lo e respeitá-lo –, as empresas descobriram que uma boa reputação nasce dentro de casa. A solidificação do conceito de que o empregado também é um consumidor quando não está no ambiente de trabalho passou a ser parte importante na construção de uma estratégia eficiente de criar e manter uma reputação corporativa.

Boa parte dessa mudança vem, novamente, do aparecimento da internet e da facilidade de troca e transmissão de informação de qualquer lugar, a qualquer hora, com pouquíssimos recursos. Meu mestre Mario Castelar dizia que o funcionário é o consumidor mais importante, porque ele é o primeiro a tomar contato com um novo produto ou serviço, e sua avaliação vale muito para saber se terão sucesso com o consumidor da porta para fora.

A descoberta do público interno como uma poderosa força de formação e influência de reputação levou as empresas a criarem, nos anos 1990, o conceito de "employer branding", um conjunto de ações que tem como principal elemento a identificação do funcionário como um dos principais públicos de interesse – se não o principal – de uma organização. Ele mira na identificação desse colaborador com os valores da empresa, na atração dos melhores talentos do mercado, em uma diminuição dos custos de recrutamento e, fundamentalmente, em sua elevação à condição de defensor da marca em todas as suas interações externas (uma das premissas da boa reputação). Essa disciplina está baseada no "employer value proposition" (EVP), prateleira de ferramentas de pesquisas, *insights*, dados e *branding*, que tem se apresentado como a arma mais eficiente para concretizar a atenção especial a quem está da porta para dentro das organizações.

Em completa oposição ao que se via na primeira metade do século XX, quando os empregados eram simples ferramentas para produzir e oferecer bens e serviços, nas últimas décadas os funcionários passaram a ter acesso privilegiado a lançamentos, novos projetos e mudanças estruturais nas empresas, como fusões, aquisições e planos de expansão. Mais do que um delírio de bondade e sensibilidade das organizações, esse movimento busca manter o controle sobre a impressão que tais movimentações causam, impedindo que más opiniões e avaliações contaminem produtos e serviços antes de chegarem ao mercado. Percebeu-se, também, que o funcionário, ainda que esteja teoricamente dentro do escritório – o trabalho remoto que irrompeu nos ambientes de trabalho a partir da pandemia de 2020 será analisado mais adiante –, tem sua própria cadeia de *stakeholders*, que compreende fornecedores, concorrentes, colegas e ele mesmo em contato com o mundo exterior.

O que se busca é um tipo de estado da arte nessa relação, quando o funcionário se assume como embaixador das marcas e atua publicamente em defesa delas. Uma virada de chave importante nesse aspecto veio com a solidificação e o avanço das redes sociais, em que qualquer pessoa com acesso à internet é um emissor livre de conteúdo, impressões e opiniões. As empresas descobriram que, se não podem controlar esse fluxo, podem influenciá-lo positivamente. Não raro, as empresas que têm os melhores índices de reputação também são aquelas que possuem os melhores programas de fidelização dos colaboradores e sua identificação com os propósitos da companhia.

Na direção contrária, são conhecidos diversos casos em que crises de reputação começaram dentro de casa, e aí o fluxo de más notícias e impressões definitivamente negativas sobre a empresa tornou-se um peso demasiado grande para gerenciar o que acontecia do lado de fora. São as empresas que começaram a morrer ou ficaram doentes "de dentro para fora". Os principais sintomas dessa doença: informações estratégicas passam a ser vazadas – quase sempre caindo na mão de um jornalista –, comunicados internos importantes são repassados para pessoas de fora e críticas abertas à gestão começam a se multiplicar nos sites de avaliação de ambiente de empregos ou mesmo abertamente nas redes sociais.

Em um artigo intitulado "Demissões em massa e chefes ausentes criam uma crise moral na Meta", publicado no dia 12 de abril de 2023, o jornal *The New York Times* revela como as 21 mil demissões feitas até então pela Meta, empresa de tecnologia dona das marcas Facebook, Instagram e WhatsApp, foram um dínamo de más notícias, opiniões e impressões geradas pelos colaboradores e que repercutiram bastante na mídia e no próprio mercado, com críticas contundentes sobre a forma como o processo foi conduzido pelos executivos da companhia, incluindo o CEO Mark Zuckerberg. O escrutínio foi tão acentuado que até informações aparentemente fúteis, como o fim de regalias como comida e lavanderia gratuitas para os funcionários, entraram em cena e foram divulgadas na reportagem.

Como demonstração de que a crise financeira pós-pandemia da covid-19 castigou duramente as empresas de tecnologia, em 6 de abril de 2023 a revista *Fortune* publicou um artigo de um ex-funcionário do Google, informando que o processo de demissões em massa da empresa que estava em curso (e que já tinha gerado 12 mil desligamentos) foi alvo de uma carta aberta dos funcionários ao CEO Sundar Pichai. Entre as principais solicitações – como congelar novas contratações, buscar demissões voluntárias antes das compulsórias, quando houver novas vagas de emprego dar prioridade a empregados que foram demitidos anteriormente e permitir que os trabalhadores terminem períodos programados de folga remunerada, como licença parental e por luto –, uma reclamação chamou a atenção. Ela se referia à forma como os funcionários estavam sendo demitidos: por meio de e-mails automáticos no meio da noite, sendo subitamente bloqueados em suas contas corporativas e perdendo abruptamente o acesso a benefícios que consideravam garantidos.

Nos dois casos, Meta e Google, os funcionários levaram suas reclamações e insatisfações às redes sociais e abriram as portas para falar com a mídia, expondo processos internos e afetando severamente a imagem das empresas – quanto afetou e quanto isso vai se refletir no valor das ações na bolsa ao longo do tempo ainda não é possível avaliar totalmente. Trata-se de um bom exemplo de como está se tornando cada vez mais difícil gerir reputação corporativa sem considerar de imediato os efeitos que qualquer ação mais drástica, por mais justificada e necessária, terá sobre seu público interno. Feridos moralmente ou negligenciados, os empregados podem se tornar os piores inimigos de uma marca.

Solidez financeira

Depois de analisar diversos casos de empresas que possuíam uma imagem de grande solidez financeira e logo se revelaram um poço de problemas, ficou claro que, embora essa imagem de solidez seja um item fundamental para a criação e manutenção de uma boa reputação corporativa, também é uma porta aberta para percepções errôneas e truques para esconder problemas graves debaixo do tapete.

A relação parece simples e direta, mas devemos lembrar que nem todas as empresas são transparentes sobre sua fortaleza financeira, até que a caixa de Pandora é aberta e repentinamente coloquem o barco à deriva, quando não em risco de ir para o fundo do mar. O estudo "Seven ways to fail big", feito pelos pesquisadores Paul Carroll e Chunka Mui e publicado em 2008 pela *Harvard Business Review*, dá inúmeros exemplos de como uma gestão financeira temerosa pode levar grandes empresas à beira do desastre, ainda que tenham uma sólida reputação.

Para pegarmos casos mais famosos sobre desmantelamento financeiro causado por um problema de percepção do negócio, nada melhor do que a Enron. Uma das maiores empresas de energia do mundo, com uma fortaleza de caixa aparentemente inabalável, a Enron saiu de US$ 100 bilhões de faturamento e 29 mil funcionários, no início de 2001, para declarar falência no final do mesmo ano.

Essa proeza foi conseguida graças às piruetas contábeis dos executivos da companhia, como deixar deliberadamente lacunas nos balanços, investir em entidades com fins especiais e produzir falsos relatórios com erros para esconder bilhões de dólares de dívidas provenientes de negócios e projetos que não deram certo. Os executivos da Enron não apenas enganaram o conselho de administração da companhia, mas também pressionaram seus auditores para destruir, apagar e ocultar qualquer prova. Os US$ 63,4 bilhões que a empresa tinha em ativos tornaram-na a maior falência empresarial da história americana, até a falência da WorldCom, em 2002.

Milhões de consumidores, acionistas, fornecedores e empregados, que acreditavam cegamente na fortaleza da Enron e compartilhavam essa visão otimista todos os dias em todos os ambientes, descobriram em questão de semanas que tudo não passava de um castelo de cartas, que começou a desmoronar em uma velocidade espantosa e terminou no chão, em uma falência rumorosa e espetacular. Todos eles perderam o elo com a marca e seus serviços quase que do dia para a noite, e o mundo empresarial mostrou mais uma vez que as aparências podem enganar, e muito.

Indo um pouco mais longe, vale falar de um caso semelhante, de uma marca muito mais conhecida globalmente do que a Enron. A Pan Am habitou por décadas o coração dos norte-americanos e adoradores da aviação em todo o planeta. Sua falência, em 1991, e posterior desaparecimento não aconteceram da noite para o dia, mas foi o primeiro grande sinal de que havia começado a era das grandes bancarrotas dos gigantes corporativos. A melhor das reputações já não era garantia de solidez financeira e sobrevivência eterna. Uma história que começou em 1927 teve uma morte lenta e sofrida, sob os olhos da opinião pública.

Uma série de erros estratégicos e operacionais na década de 1980 passou a comprometer a saúde financeira da empresa, abalada também com um aumento acentuado nos preços dos combustíveis relacionado com a crise do Golfo Pérsico. A pá de cal veio com o atentado ao voo 103 da companhia em Lockerbie, na Escócia, em 21 de dezembro de 1988, que custou a vida de 270 pessoas. A tragédia foi um desastre de relações públicas e levou a um processo de US$ 300 milhões à época, pelo menos dez vezes mais em valores de hoje. Houve também uma multa milionária da Administração Federal de Aviação (FAA) dos Estados Unidos após serem constatadas 19 falhas de segurança no voo. Em janeiro de 1991, a empresa não aguentou a pressão e pediu formalmente a falência. Houve tentativas de revivê-la, por meio de um acordo com a concorrente Delta e com a criação de uma subsidiária menor, mas todos os esforços foram em vão, e em 1997 a Pan Am fechou definitivamente as portas.

Poderíamos citar aqui outras dezenas de casos de grandes corporações que dominavam seus segmentos, com uma solidez financeira inquestionável e uma reputação acima de qualquer suspeita. Mas nem sempre – ou talvez quase nunca – esses fatores são suficientes para manter consumidores fiéis e ativos, mesmo em uma época em que não havia ainda as redes sociais (imagine se houvesse!). Esse episódio mostra que, quando acaba a confiança, acaba quase tudo o mais. Nenhuma empresa prospera ou sobrevive sem uma boa reputação.

Inovação e tecnologia

Pouca gente sabe ou se lembra, mas a Apple, uma das marcas mais reconhecidas do planeta – se não a mais – em termos de avanços tecnológicos e produtos que impactam a vida de centenas de milhões de consumidores, já esteve à beira da falência. Em 1997, sofrendo com graves problemas de gestão e sem a presença do fundador Steve Jobs para tirar da cartola produtos impactantes, a marca da maçã estava cambaleando e considerando seriamente pedir concordata. Foi salva por um aporte de US$ 150 milhões feito pela arquirrival Microsoft – há indícios de que a companhia de Bill Gates só fez isso para não ficar com uma participação muito grande do mercado se a Apple falisse e ser acusada de excesso de concentração de mercado pelas autoridades regulatórias norte-americanas.

A situação também foi revertida com a volta de Steve Jobs à companhia naquele ano, após 12 anos afastado. Em 1997, a Apple perdeu mais de US$ 1 bilhão com o fracasso de produtos como o Newton MessagePad, um dispositivo portátil que tinha muitas características que seriam "revividas" com o lançamento do aparelho celular, anos depois, mas que na época foi um desastre colossal.

De volta ao controle da empresa, Jobs demitiu 3 mil funcionários e descontinuou cerca de 70% da linha de produtos (incluindo, claro, o Newton). A partir daí veio o período mais criativo e tecnológico da Apple, que começou no ano seguinte, com o lançamento do iMac, o computador feito com cores alegres e translúcidas que vendeu quase 800 mil unidades nos primeiros cinco meses. Ele foi seguido pelo iPod, em 2001, e pelo iPhone, em 2007. Hoje, a Apple é uma empresa de US$ 2,8 trilhões[1], e provavelmente é o primeiro nome que nos vem à mente quando perguntam por uma marca tecnológica.

Essa pequena saga da marca da maçã nos lembra que, em um mundo tão volátil em termos de adoção de novas tecnologias, o que é uma novidade hoje pode ser algo obsoleto no próximo ano e, em alguns casos, já na semana seguinte, e nada fala mais alto na hora de construir reputação do que a rapidez e a facilidade que uma marca tem para se tornar reconhecida e se manter sempre lembrada por sua ousadia e capacidade de impactar a vida das pessoas por meio de seus produtos.

Em alguns casos semelhantes, no entanto, a história não terminou de forma tão bem-sucedida. Muitas marcas que significavam avanços tecnológicos ou dominavam o mercado com seus produtos aparentemente imbatíveis na inovação acabaram vendo a onda da evolução passar por cima de sua cabeça.

Talvez a principal delas tenha sido a Kodak. Líder absoluta na produção de filmes fotográficos até o início da década de 1980, a outrora gigante teve inúmeras oportunidades para perceber que a era digital tinha chegado e que em breve ninguém mais revelaria filmes em papel. As pessoas passariam instantaneamente a tirar fotos com câmeras digitais e guardar as imagens em dispositivos móveis como *pen drives* e computadores. Mais tarde, o aparelho celular capaz de fotografar, editar e armazenar as fotos foi a pá de cal na empresa, no que é considerado um dos maiores vacilos da história empresarial moderna.

Mas isso não aconteceu tão rápido. Em 1981, ao perceber que a Sony tinha lançado sua primeira câmera digital, a Kodak encomendou um estudo para avaliar o impacto da nova tecnologia e projetar em quanto tempo ela seria dominante no mercado. O resultado deixou os executivos

---

1 N. do A.: em valores de janeiro de 2024.

da empresa bastante confortáveis, pois indicava que levaria pelo menos dez anos para que o mercado adotasse a novidade, tempo suficiente para a Kodak se preparar para a nova concorrência. Em 1985, já estava claro que a previsão estava equivocada e que a empresa não estava acelerando o suficiente para enfrentar a nova tecnologia. O resultado é conhecido: a empresa submergiu sob o peso da tecnologia digital dos concorrentes, sem ter nada para oferecer senão um processo um pouco mais rápido – e ainda ineficiente – de editar e escolher quais fotos seriam reveladas em papel.

De uma das empresas mais valiosas do planeta, fundada por George Eastman e Henry A. Strong em 1888, a Kodak foi encolhendo ao longo das décadas, sem nunca ter respondido à altura ao grande desafio tecnológico que lhe foi colocado. Embora não tenha ido à falência – entrou com um pedido de proteção contra credores[2] em 2012, mas conseguiu se manter solvente –, hoje é uma pálida sombra do que já foi. A miopia e a vaidade de ser líder não deixaram a empresa ver o que o futuro reservava. O mais curioso é que ele fazia piruetas à sua frente. O primeiro protótipo de câmera digital foi criado em 1975, por Steve Sasson, engenheiro que trabalhava para... a Kodak. O protótipo era do tamanho de uma torradeira, levava 20 segundos para capturar uma imagem, tinha baixa qualidade e exigia conexões complicadas com uma televisão para visualização, mas claramente tinha um enorme potencial de chacoalhar o mercado. No entanto, não houve interesse em saber mais sobre aquela "bizarra" inovação.

Outras marcas outrora poderosas não entenderam a chegada dos novos tempos e o impacto que a tecnologia teria na vida das pessoas e acabaram naufragando ou quase morrendo. É o caso da Xerox, que demorou para entender as mudanças no mercado de cópias em papel (e sua necessidade de existir em um mundo cada vez mais digitalizado), e em 2001 esteve à beira da falência, com dívidas de mais de US$ 17 bilhões. A empresa que detetê 85% do mercado mundial de fotocópias na década de 1970 e chegou a ser sinônimo de produto e verbete de dicionário ("vou tirar uma xerox") teve de se reinventar para não morrer, e hoje também é um pálido reflexo do portento que um dia chegou a ser.

---

2 N. do E.: equivalente no Brasil ao pedido de recuperação judicial.

Nokia, Polaroid, BlackBerry e outras marcas também trazem lições de como é valioso o elemento tecnológico para a sobrevivência das companhias na economia global e altamente interconectada em que vivemos. Avançar e inovar sempre é um desafio que se impõe a todas as marcas, independentemente do segmento de atuação, para que não corram o risco de ficar obsoletas em um piscar de olhos.

Marketing de reputação

O que pode parecer uma relação simples e direta revela uma interdependência conceitual entre o marketing e a reputação corporativa. Enquanto o primeiro reinou absoluto como principal ferramenta geradora de visibilidade de marcas e resultados de vendas para as empresas, a segunda passou a ser nas últimas décadas um indicador bastante assertivo sobre a saúde desse desempenho em relação à preferência dos consumidores.

Mesmo assim, ainda hoje há muitas empresas que pensam o marketing de forma isolada, como um conjunto de sinais externos que podem alavancar vendas e resultados financeiros seguindo uma fórmula quase mágica de encantamento dos clientes, ainda que muitas vezes baseada em pesquisas, testes e simulações de aceitação e entendimento da mensagem ou da oferta.

Mas o tempo mostrou que essa fórmula foi aos poucos perdendo validade ou, pelo menos, passou a apresentar erros estatísticos maiores, porque outros elementos importantes no julgamento público das mensagens e ofertas tornou a fórmula de venda mais difícil de ser codificada.

O grande fator que contribuiu para essa mudança, como visto anteriormente, foi a multiplicação de canais de expressão pública proporcionados pela internet, primeiro com os sites de avaliação de marcas, produtos e serviços, e depois com a revolução causada pelas redes sociais. O fenômeno permitiu que as pessoas se manifestassem livremente, de qualquer lugar e sem filtro, sobre sua experiência de compra e consumo. Isso desequilibrou totalmente a balança segura do marketing, baseada na premissa de missão de mensagem, despertar da atenção e ignição do desejo de compra. Múltiplos elementos passaram a fazer parte desse quebra-cabeça.

A fórmula ficou tão sofisticada que, em alguns mercados mais adiantados como os Estados Unidos, foi criada a disciplina do marketing de reputação. A Reputation X destaca o sistema em sua lista de serviços, e muitas outras empresas, inclusive de *branding* e propaganda on-line, colocam o marketing de reputação como uma ferramenta fundamental para proteger a marca antes de tentar vender seus produtos (a Wikipedia também oferece um verbete sobre a disciplina).

Na base desse serviço está a ideia de que uma marca que tem uma imagem pública ruim nos ambientes virtuais terá dificuldades para vender seus produtos e serviços no mundo real. Por isso, o roteiro que leva a um marketing de reputação eficiente passa pelo monitoramento das críticas on-line feitas por consumidores (e, pior, pelas não respondidas ou não atendidas) ou mesmo por outros elementos da cadeia de públicos de interesse (*stakeholders*), como funcionários, fornecedores e outros. Também conta o objetivo de se manter em constante contato e movimento em relação a esses públicos, para que não haja turbulências ou ameaças à saudabilidade da marca, que poderiam interferir de forma negativa nas estratégias de vendas. Essa "proteção" também é parte de outra disciplina importante do marketing, o "brand safety", ou segurança da marca.

Assim, o marketing puro, calcado em anúncios nas mídias impressa e eletrônica e em ações no ponto de venda, descobriu que precisava da reputação para abrir caminho para ser efetivo. Em alguns casos, é sabido que nem a mais milionária e agressiva campanha de marketing pode mudar a impressão ruim que consumidores consolidaram sobre alguma marca, devido a ações ou fatos considerados negativos. Muitos e muitos milhões foram gastos nessas tentativas, sem sucesso. Já citamos aqui que a armadilha de perder reputação pode ser caríssima, e o esforço para recuperá-la necessariamente será grande e por um longo tempo.

Ainda não vivemos uma era em que há a plena adoção do marketing de reputação, mas todos os indícios, fatos e estudos apontam que esse dia não está longe. Fazer previsões sobre o comportamento do consumidor costuma ser uma tarefa árdua e quase sempre falha, mas pode-se discutir neste momento que, devido ao avanço das tecnologias e do acesso do público a todos os canais de comunicação (que não possuem mais "dono"), o gerenciamento de reputação simples será o marketing do futuro. Será?

Responsabilidade social

Uma revolução silenciosa tomou conta do mundo corporativo, a partir do começo deste século, no que se refere às exigências da sociedade em relação às empresas quanto a suas responsabilidades e deveres. O modelo baseado em existir com a finalidade única de prover produtos e serviços, lucrar com eles e não colaborar com o bem-estar coletivo, a ética e o meio ambiente ficou para trás.

A chamada Responsabilidade Social Corporativa (RSC) nasceu em meados do século XX – considera-se que o livro *Social responsibilities of the businessman* (1953), de Howard R. Bowen, publicado no Brasil em 1957 como *Responsabilidades sociais do homem de negócios*, seja a primeira obra a tratar especificamente do conceito –, ainda travestida de filantropia voluntária (e nem sempre espontânea), tornando-se um dogma para a grande maioria das empresas no início do século XXI e também um elemento fundamental e indispensável na criação e manutenção da reputação corporativa. A sociedade repele e até despreza empresas que não se comportam como boas "cidadãs".

Por isso, deixou de ser incomum ver empresas que tiveram algum tipo de mau comportamento – poluindo rios, maltratando funcionários, vendendo produtos nocivos à saúde etc. – se dedicando a projetos sociais ou ambientais, como forma de "pagar" à sociedade pelo deslize e limpar sua imagem.

A sociedade acordou verdadeiramente para a ameaça que as corporações podem significar para o planeta com o espetacular acidente do navio petroleiro Exxon Valdez, em 24 de março de 1989, um dos maiores derramamentos de petróleo da história – foram 41 milhões de litros na Enseada do Príncipe Guilherme, ao leste do Alasca. O acidente e suas consequências nefastas para a vida selvagem em um lugar tão inóspito foram registrados e transmitidos pelos meios de comunicação 24 horas por dia para todo o mundo. Mesmo sem internet nem redes sociais, as notícias do desastre se espalharam rapidamente, e as pessoas passaram a questionar quanto as megacorporações se importavam com a vida selvagem e a natureza, na trilha do movimento ecológico que já havia explodido com a atuação de organizações não governamentais (ONGs) como o Greenpeace, que trouxeram para o centro das grandes cidades do mundo o alerta sobre a ameaça que o capitalismo selvagem significava para a sobrevivência do planeta.

A Exxon, gigante do setor de extração e refino de petróleo, recebeu multa no valor de US$ 6,75 bilhões, mas ainda não se sabe com certeza o tamanho do dano à sua imagem e o que isso significa em dinheiro. A demora em admitir a gravidade do problema e diversas tentativas de desviar-se da culpa pelo acidente tornaram as coisas ainda piores para a companhia. Essa má fama! O episódio acabou contagiando toda a indústria petroleira, que passou desde então a ser vista com permanente suspeita em casos de vazamento de petróleo no mar.

A percepção crescente e dominante de que as empresas – principalmente as grandes, e os enormes conglomerados globais que as controlam – são devedoras históricas da sociedade passou a ser um dogma praticamente inatacável. Em muitos casos, essa culpa empurra incessantemente tais organizações a pagarem cotidianamente essa dívida, mesmo que por vezes não acreditem que ela seja devida. Sem discutir aqui sua validade moral ou ética, vemos todos os dias empresas se empenhando em plantar árvores, participar de projetos de limpeza de rios e nascentes, fazer doações a comunidades carentes, oferecer programas de ensino a jovens menos favorecidos, além de outras ações que, na visão delas, são como recibos de que estão devolvendo à sociedade uma parte daquilo que ganharam por usar justamente os recursos do planeta e da sociedade para alavancar seus negócios e gerar lucro.

Nos últimos anos, porém, o conceito de RSC foi aprimorado e ampliado para o de ESG (*Environment, Social and Governance* – ambiental, social e governança), uma sigla aparentemente simples, mas que carrega um significado muito maior e mais importante para o conceito de reputação corporativa, como veremos nos próximos capítulos.

Como ganhar e perder reputação

Não se conhece um ativo corporativo tão fácil de ganhar e perder como a reputação. O dinheiro, talvez. Mas a reputação, ao contrário do ativo financeiro, demora muito mais para ser conquistada. Corporações antigas (algumas centenárias) passaram por gerações que trabalharam duro para construir um bom nome, e muitas delas encararam com grande preocupação as mudanças pelas quais a sociedade passou nas últimas décadas. Como vimos, aumentaram as ameaças externas e as exigências da sociedade em relação a seu comportamento e atuação.

Em um excelente artigo de 16 de novembro de 2022, o jornal *Meio & Mensagem* mostrou o desafio das empresas mais antigas do mundo, como Coca-Cola, General Electric, Peugeot, Walt Disney, IBM e até a brasileira Gerdau. Todas centenárias, conseguiram se manter no negócio por todo esse tempo com fases de crise, renascimento e reinvenções, provando que a resiliência tem uma ligação intrínseca com a valoração de suas marcas. Algumas chegaram a enfrentar a Grande Depressão de 1929, com a quebra da Bolsa de Valores de Nova York, e certamente todas passaram pela pandemia da covid-19, que abalou o planeta de 2020 a 2022, e foi a maior crise sanitária dos últimos 100 anos – segundo o Banco Mundial, 90% dos países tiveram uma retração em seu PIB em 2020 devido aos efeitos da pandemia.

Como pudemos ver até aqui, porém, os desafios impostos pela

sociedade às empresas em termos de reputação têm sido cada vez maiores e mais complexos. Ao mesmo tempo, curiosamente, as respostas à pergunta "como criar reputação" parecem estar mais simples e claras. Esse fenômeno pode ser associado a uma tendência de entender as organizações como mais uma entre as peças reativas que compõem a sociedade. Elas passaram a ter praticamente as mesmas obrigações que cidadãos, governos, instituições públicas e privadas e organizações não governamentais. Fundamentalmente, são questões éticas e de cidadania, baseadas na transparência e na correção de suas ações.

Embora não exista uma fórmula perfeita e infalível de criar reputação, é possível destacar alguns elementos sem os quais a tarefa certamente será impossível:

Faça o que diz, dê o exemplo – Nos Estados Unidos, há um jargão muito conhecido, o "walk the talk". A frase pode ser mais bem traduzida para "faça o que você diz". Ou seja, as empresas que têm as melhores reputações são aquelas que entregam o que prometem. Não existe, dentro da complexa e quase indecifrável relação psicológica do consumidor com suas marcas favoritas, espaço para um descompasso entre o produto ou serviço que é oferecido e aquilo que o cliente recebe realmente. Ou, indo mais fundo nessa análise, pode haver uma forte decepção ao se perceber que empresas que prometem ou anunciam que são boas "cidadãs" e se comportam adequadamente na verdade se revelam vilãs em relação a temas como cidadania e meio ambiente.

Uma boa parte desse conjunto de crenças e ações está presente no que se chama de cultura da empresa. É a base para todas as suas ações, discursos e posicionamentos públicos e internos. Em um artigo publicado em julho de 2020 na revista do Massachusetts Institute of Technology – MIT, os pesquisadores Donald Sull, Stefano Turconi e Charles Sull revelaram detalhes de um estudo que fizeram com cerca de 700 líderes das maiores empresas do mundo sobre a importância da cultura dessas organizações na relação com consumidores e a sociedade. Eles descobriram que mais de 80% delas publicam um conjunto oficial de valores (e promessas) nos seus websites, e seus CEOs, em particular, não perdem uma oportunidade para falar desse mesmo assunto. Na verdade, eles até impõem a agenda do tema: do finalzinho do século passado para cá, mais de três quartos deles, quando entrevistados por pelo menos uma importante revista de negócios, abordaram a cultura ou os valores fundamentais da sua empresa, mesmo quando não foram especificamente questionados sobre isso.

O problema é que, ao analisar a barafunda de valores citados em tais manifestações das empresas, não foi possível identificar padrões claros nem explicações mais profundas e assertivas do que significa realmente cada um deles (integridade, respeito etc.) nem distinguir como e para quem são aplicados. Como essas organizações representam 33 segmentos da economia, há valores que possuem significados diferentes por setor. E, como não há ninguém checando diariamente se os valores são realmente identificados nas ações das empresas, é praticamente impossível garantir que são seguidos à risca. Os pesquisadores suspeitam claramente que não.

O resultado desse estudo mostra de forma clara aquilo de que muitos desconfiam: no mundo corporativo, prometer uma conduta que seja um retrato fiel dos valores que se prega é fácil, o difícil é cumprir.

E você? *Do you walk the talk*?

Seja transparente sempre – Na longa história da relação entre marcas e consumidores, nem sempre a transparência foi um requisito imprescindível. Nos primórdios dessa relação, bastava colocar o produto ou serviço à venda e torcer para nada dar errado. Ninguém iria cobrar informações sobre a conduta da empresa na comunidade, sobre sua fortaleza financeira ou se ela tratava corretamente os resíduos que gerava em suas fábricas.

Mas isso mudou drasticamente nas últimas décadas. Na tempestade de cidadania que tem varrido o planeta, tais comportamentos não só se tornaram importantes para o consumidor, como passaram a definir a escolha do produto ou serviço. Diversas pesquisas demonstram que o cliente prefere pagar um pouco a mais para consumir algo de uma empresa sobre a qual ele tem total ou razoável certeza a respeito de sua transparência no fornecimento de informações em relação à sua conduta. Uma delas, citadas pelo site Reputation.com, mostra que 94% dos consumidores nos Estados Unidos dizem que confiam mais em marcas que demonstrem transparência, enquanto 73% dos entrevistados dizem que estão dispostos a pagar mais pelos produtos dessas empresas.

Mesmo no ambiente corporativo, a transparência passou a ser uma mercadoria indispensável. Uma pesquisa feita em 2019 pela Harvard Business Review Analytic Services mostrou que 90% dos executivos entrevistados disseram que o aumento da transparência empresarial levou a uma melhor tomada de decisões em toda a organização, e 26% disseram que ter finanças e processos de compra transparentes levaram a uma redução de 11% a 20% nos custos de aquisição de insumos e matéria-prima.

O mesmo estudo cita o caso da Tiffany & Co., que produz e vende as joias de diamantes mais caras e desejadas do mundo. Compradores, especialmente os mais jovens, querem evidências de que suas joias não foram produzidas com trabalho infantil ou para financiar guerras ou atividades terroristas, o que caracteriza essas pedras como "diamantes de sangue", como ficaram conhecidas. Por isso, a Tiffany passou a informar aos seus clientes de qual país veio o diamante, onde foi lapidado, polido e engastado, garantindo que seus fornecedores são produtores éticos.

Analisando esses dados, combinados a outras percepções sobre a revolução nos fatores que passaram a comandar a relação entre consumidor e marcas, é possível dizer que a transparência é um ponto de inflexão predominante. Nenhum outro aspecto dessa relação cresce ou evolui sem doses robustas de transparência por parte das companhias. É um preço obrigatório a se pagar, e, muitas vezes, não ser transparente pode sair caro.

Ouça os consumidores – Não há registro de nenhuma empresa que tenha perdido um pingo de reputação por ouvir constantemente seus consumidores. É daí que vem toda a energia e a carga de informações e percepções de que a empresa necessita para continuar com sua reputação em dia e fornecer bons produtos e serviços a seus clientes. Parece fácil, não? Mas muitas companhias simplesmente ignoram esse importante item da receita de uma boa reputação e correm o risco de ver sua imagem queimar no forno da opinião pública.

É uma constatação o fato de que, à medida que os consumidores se tornam cada vez mais exigentes, a reputação de uma marca desempenha um papel fundamental no processo decisório de uma compra. Não contam mais somente as características e o preço do serviço ou produto, mas sim os valores e atitudes do fabricante, com a intenção de criar um vínculo emocional, que fará com que o consumidor se torne seu defensor e influenciador perante outros consumidores. Mesmo quando a experiência não é satisfatória, ele estará mais disposto a dar uma segunda chance se sentir que faz parte do "bioma" em que se inseriu voluntariamente. O mesmo acontece quando há uma crise ou exposição negativa da marca: ele será o último a acreditar na notícia ruim e o primeiro a defendê-la para outras pessoas. Isso vale ouro!

Por isso é preciso ter um olho sempre voltado para o humor e o nível de satisfação do cliente, a fim de manter a reputação saudável e em dia. Pesquisas permanentes, grupos de discussão, experiências sensoriais e, principalmente, o serviço de atendimento ao consumidor, ou simplesmente SAC. É de lá que saem os melhores e mais valiosos *insights* para os gestores de reputação de uma companhia. Quando trabalhei na Nestlé, costumava conversar com meus colegas do SAC para saber como andava essa interação com as dezenas de milhares de consumidores que ligavam para a empresa todos os dias para reclamar, elogiar, aprender ou simplesmente se sentir próximos da marca. Dessa fonte saíam dicas e informações valiosas, e também histórias deliciosas, como a da mulher que consumia produtos da marca desde criança e que gostaria de convidar a empresa a ir a seu casamento, pois ela era tão importante em sua vida que não podia faltar na data que ela mais aguardara até então. Como se fosse parte da família!

Cuide bem de seus empregados – Não há caminho para ter uma boa reputação externa sem passar pela construção interna de uma boa imagem perante seus empregados. A boa reputação, nesse caso, começa dentro de casa. No artigo "The key to happy customers? Happy employees" ("A chave para clientes satisfeitos? Funcionários felizes"), publicado em 2019 na *Harvard Business Review*, Andrew Chamberlain e Daniel Zhao (ambos diretores da plataforma Glassdoor – site em que funcionários e ex-funcionários enviam avaliações anônimas do ambiente de trabalho) reforçam essa tese com uma extensa pesquisa feita a partir da análise da opinião de 300 mil consumidores de produtos e serviços nos Estados Unidos, com base no American Customer Satisfaction Index (ACSI), o índice de satisfação do consumidor, e no índice de engajamento dos funcionários de 293 grandes empregadores de 13 setores, incluindo sua classificação geral média no Glassdoor (em uma escala de 1 a 5) e a pontuação ACSI (em uma escala de 0 a 100), de 2008 a 2018. Utilizando um modelo de painel padrão, estimaram o impacto da satisfação do consumidor em relação ao índice de engajamento dos funcionários.

O estudo descobriu que cada melhoria de uma estrela na classificação Glassdoor de uma empresa corresponde a uma melhoria de 1,3 ponto em 100 nas pontuações de satisfação do cliente – um impacto estatisticamente bastante significativo, que foi duas vezes maior em setores em que os funcionários interagem de perto e com frequência com os clientes, particularmente em indústrias que têm contato mais próximo entre trabalhadores e clientes, como varejo, turismo, restaurantes, cuidados de saúde e serviços financeiros.

Na outra ponta, um fator muito importante também vem à tona: uma boa reputação atrai e mantém bons funcionários. Agora estamos falando da porta para dentro. Afinal, quem não quer trabalhar em uma organização que tem uma boa imagem? Isso afeta a autoestima, melhora a visibilidade da carreira no mercado e torna o currículo mais vistoso. Muitas vezes a impressão relativa ao lado de fora não se vê do lado de dentro, já que há diversos registros de empresas que não comprovam no dia a dia, entre seus funcionários, a boa imagem que possuem vistas externamente. Mas isso é geralmente parte de um processo que inevitavelmente ultrapassará os muros da empresa e alcançará o escrutínio público em algum momento.

Em tempos em que a boa mão de obra é tão cara e esparsa, investir em reputação pensando na atratividade de talentos deve estar no topo da estratégia corporativa das organizações. O Reputation X publicou em agosto de 2023 algumas estatísticas sobre o valor da reputação na hora de atrair bons funcionários:

- 76% das pessoas querem trabalhar para empresas com boa reputação
- 69% das pessoas em busca de emprego rejeitarão a oferta de uma empresa com má reputação, mesmo que estejam desempregadas
- 92% das pessoas considerariam deixar seu emprego atual se lhes fosse oferecida outra função em uma empresa que tivesse uma excelente reputação corporativa

- 45% das pessoas entre 35 e 44 anos deixariam seu emprego atual por menos de 10% de aumento salarial para ingressar em uma empresa com excelente imagem
- 72% dos líderes de recrutamento em todo o mundo concordaram que a marca do empregador tem um impacto significativo na contratação
- 59% dos líderes de recrutamento em todo o mundo estão investindo mais na marca empregadora

Todos esses dados mostram de forma muito clara que ter funcionários felizes é um fator intimamente ligado à capacidade de as empresas proporcionarem uma satisfação maior dos clientes e, por consequência, melhorar sua reputação corporativa na ponta mais sensível de toda a cadeia de *stakeholders*, que são aqueles que detêm o poder de escolha na hora de colocar a mão no bolso para adquirir um produto ou serviço.

O desafio de medir

Desde que se convencionou considerar a reputação um ativo intangível, que vale até mais do que o tangível, muitas empresas e consultorias passaram a buscar formas de medi-la. Todos os elementos reunidos neste livro – solidez financeira, tecnologia, interação com consumidores, atenção aos funcionários e outros – são os tijolos indispensáveis nessa medição. Mas qual é a fórmula ideal? Aparentemente são muitas, dependendo do foco e do viés (consumo, valor financeiro etc.).

O sistema de medição mais aceito e reconhecido é o da RepTrak (antigo Reputation Institute), provavelmente porque é um dos pioneiros do assunto e se aplica indistintamente a qualquer tipo de indústria. Na medição de 2023, o RepTrak utilizou uma combinação de "machine learning", inteligência artificial (IA) e processamento de linguagem natural (PNL), para combinar e analisar milhões de pontos de dados de percepção e sentimento de pesquisas on-line, mídia tradicional, redes sociais, dados de mercado e fontes de terceiros, em 14 das maiores economias do mundo, em 230 mil fontes.

Toda essa parafernália de dados e informações alimenta um sistema de pontuação que, ao final, indica as empresas com melhor reputação. O resultado pode ser aplicado a cada empresa de acordo com uma série de vieses, basicamente os que citamos nos parágrafos anteriores. Cada vez mais elementos entram na fórmula que avalia a reputação de uma empresa, assim como a evolução das métricas e a forma de medir, o que indica que o mecanismo se tornou uma ciência complexa e delicada.

O ranking de 2023 do RepTrak:

2023 Global RepTrak™ 100

▲ Subiu no ranking ▼ Desceu no ranking = Sem alteração ★ Novo

1▲	LEGO	2▲	BOSCH	3▲	ROLLS ROYCE	4▲	HARLEY-DAVIDSON	5▲	Canon
6▼	ROLEX	7▲	Miele	8▲	SONY	9▲	Nintendo	10▼	Mercedes-Benz
11▲	dyson	12▲	BIC	13▼	Ferrari	14▲	3M	15▲	PIRELLI
16▲	MICHELIN	17▼	adidas	18▲	CATERPILLAR	19▼	intel	20=	SAMSUNG
21▲	HYATT	22▲	PHILIPS	23▼	BMW GROUP	24▲	Microsoft	25▲	IKEA
26▲	LEVI STRAUSS & CO.	27▲	hp	28▲	BRIDGESTONE	29▲	TOYOTA	30▼	FERRERO
31▲	Google	32▲	VISA	33▼	Barilla	34▲	SINGAPORE AIRLINES	35▼	COLGATE-PALMOLIVE
36▲	Hewlett Packard Enterprise	37▼	The Walt Disney Company	38▼	GOODYEAR	39▲	CHANEL	40▼	Spotify
41▲	Natura &Co	42▼	PayPal	43▲	VOLVO	44▲	LAVAZZA GROUP	45▲	Marriott INTERNATIONAL
46▼	Kellogg's	47▲	GIORGIO ARMANI	48▼	ESTÉE LAUDER	49▲	HONDA	50▼	DECATHLON
51▼	mastercard	52▲	IBM	53▼	Nike	54▼	Under Armour	55▲	Panasonic
56▼	COSTCO WHOLESALE	57▼	Apple	58▼	CISCO	59▲	xerox	60▼	SIEMENS
61▼	MATTEL	62▼	NETFLIX	63▲	AIRBUS	64▲	DANONE	65▲	INTERCONTINENTAL HOTELS & RESORTS
66▲	ALDI	67★	Booking.com	68▼	FUJIFILM	69▼	Lufthansa	70▼	Roche
71▲	Kimberly-Clark	72▼	ASUS	73▼	DELL Technologies	74▲	Hilton	75▼	Henkel
76▼	Whirlpool	77▼	HERSHEY	78▼	L'ORÉAL	79▲	SCJohnson	80▼	HUGO BOSS
81▼	RALPH LAUREN	82▲	LG	83★	AIRFRANCE KLM	84▲	Kraft Heinz	85★	NOVARTIS
86★	BAYER	87▲	Adobe	88▼	BURBERRY	89▲	SAP	90▼	CATHAY PACIFIC
91▼	LVMH	92▲	Electrolux	93★	THE HOME DEPOT	94▼	Nestlé	95★	BASF
96▼	HERMÈS PARIS	97▼	amazon	98▼	Campbell's	99▼	PRADA	100▼	VOLKSWAGEN

Outro dado interessante fornecido pelo RepTrak é o índice geral de reputação da pesquisa, que é uma média das reputações obtidas por todas as marcas. Esse indicador mostra que, de uma forma geral, as empresas do ranking têm se saído bem desde a primeira medição, em 2015, que apontou um índice de 71 pontos (em um total de 80 possíveis), ficando sempre na faixa de "strong reputation" (forte reputação). Por outro lado, após um pico de 74,9 pontos, em 2021, o índice baixou para 73,2 em 2023.

Uma curiosidade: no elenco dos países pesquisados, o Brasil aparece com a média mais alta do ranking, com um índice de 76,7, o que mostra que a reputação das empresas está em alta com o consumidor brasileiro, que historicamente traz muita pessoalidade e sentimento a tal relação (lembre-se do convite de casamento da consumidora da Nestlé). Na outra ponta, as empresas chinesas precisam começar a se preocupar com a imagem perante seus públicos de interesse, pois a China ficou na parte de baixo do ranking, com um índice de 68.

Mas, considerando a complexidade e a delicadeza da barafunda de dados que entra numa medição como essa, não é realmente de se esperar que um dia esse índice chegue a níveis máximos. Em uma interação tão incerta e flutuante como é a do consumidor com as marcas, a reputação sempre bailará para cima e para baixo, como é comum acontecer nos relacionamentos movidos a amor e ódio. Mesmo a mais tecnológica das metodologias sempre terá espaço para mostrar que o pessoal e o intangível serão elementos marcantes nesse vaivém. E essa é a beleza da coisa.

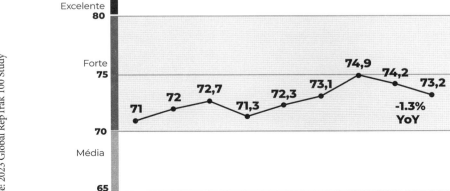

Pontuação da reputação ao longo do tempo

Fonte: 2023 Global RepTrak 100 Study

PARTE DOIS

A ascensão do ESG

Descendente direto da Responsabilidade Social Corporativa (RSC), o ESG – sigla em inglês para *Environment, Social and Governance* (ambiental, social e governança) – dominou o cenário corporativo nos últimos anos. Com uma irresistível combinação de consciência ecológica e de cidadania, em tempos em que esses são temas prevalentes nos diálogos globais –, o ESG entrou na pauta das empresas de forma inapelável. Tudo o que for pensado hoje em termos de visibilidade, projeção e julgamento externos está intimamente ligado ao que se faz – ou se prega – em favor do meio ambiente, da sociedade e na boa governança. Em muitos casos é uma armadilha, como pode acontecer quando uma nova forma de atuação corporativa chega "de repente", embora o ESG venha ensaiando sua trajetória desde que o RSC mostrou que era preciso dar um passo adiante no conceito de cidadania empresarial, e isso não aconteceu ontem.

O termo ESG – para registrar sua trajetória – apareceu pela primeira vez em 2004, em um relatório da Organização das Nações Unidas intitulado "Who Cares Wins" ("Ganha quem se importa"). Passou a considerar, além das questões social e ambiental que marcaram a RSC, temas de governança corporativa, como saudabilidade financeira, ética empresarial, diversidade e sustentabilidade do negócio.

Em termos de reputação, como já vimos aqui nas formas de criá-la e medi-la, o ESG se tornou um ingrediente fundamental na fórmula de expressão pública das empresas. Em muitos casos, até tudo o que se faz nesse sentido é pensado por meio de ações divididas pelas três letras do acrônimo. Mas há um bom caminho a percorrer ainda. De acordo com o relatório Global Resilience Survey da Deloitte de 2022, que reflete as opiniões de quase 700 executivos, diretores e líderes seniores de vários setores em todo o mundo, apenas 18% das organizações citam a função ESG como tendo um papel ativo na resiliência da marca ao enfrentar crises ou situações difíceis. Um artigo publicado no *Wall Street Journal* em 17 de dezembro de 2022, escrito por executivos da Deloitte com base no resultado da pesquisa, relativo a essa percentagem, sugere que o ESG pode não ter representação suficiente nas discussões e decisões relativas à capacidade de superação do negócio, particularmente em relação às funções operacionais, financeiras e cibernéticas – áreas na empresa em que o ESG pode ter impactos profundos.

Mas eles esperam que em cinco anos o ESG pule do 13º lugar em suas prioridades corporativas para o 8º lugar, embora ainda citem com mais frequência investimentos remanescentes em RSC, principalmente no que se refere a uma outra sigla emergente, a DEI (Diversidade, Equidade e Inclusão), uma vertente com foco em pessoas e sua integração na estrutura corporativa, considerando raça, camada social, orientação sexual e outras características.

Em uma abordagem mais específica quanto à imagem das empresas em relação ao ESG, o site PR News trouxe em junho de 2023 um artigo baseado em dados coletados pelo The Bliss Group alertando que o tema saiu de seu contexto histórico da gestão de riscos financeiros, inserido em apresentações para investidores e relatórios anuais corporativos para acionistas, e entrou em um âmbito de relevância social muito maior. Dados do The Bliss Group mostraram um aumento de 227% no envolvimento da mídia social em tópicos ESG do primeiro ao segundo semestre de 2022.

Essa mudança exigiu a atenção dos líderes empresariais, a luta pela liderança de pensamento ESG aumentou e vozes corporativas poderosas começaram a tomar a frente dessa discussão. Os dados da pesquisa mostram que quase 70% dos CEOs e CFOs envolveram-se com conteúdos relacionados com diversidade, equidade e inclusão em 2022, e 83% dos executivos de alto escalão que discutem ESG são CEOs.

No Brasil, o interesse é semelhante, e já é medido pela forma como o ESG praticado pelas empresas aparece nos meios de comunicação. O Anuário Integridade ESG 2022, publicado pela Insight Comunicação com base no "sentimento" (positivo, negativo ou neutro) dos dados colhidos pela plataforma de tecnologia de informação Knewin com o cruzamento do termo ESG nas ferramentas de busca com menções em veículos de comunicação de todo o Brasil, mostra as 100 empresas cotadas em bolsa com as melhores práticas sustentáveis. As dez melhores colocadas foram Ambev, Suzano, Gerdau, Bradesco, Itaú Unibanco, Santander, Banco do Brasil, Ambipar, B3 e Natura, com 90% das iniciativas e projetos avaliados com sentimento positivo.

Nesta página e na seguinte está a lista completa de 100 empresas:

	Empresa	iESG		Empresa	iESG
1	Ambev	14,9979	34	Unilever	3,5402
2	Suzano	13,9412	35	TIM	3,4773
3	Gerdau	13,1354	36	Americanas S.A.	3,4113
4	Bradesco	12,4029	37	Hapvida	3,3991
5	Itaú Unibanco	12,1428	38	Marfrig	3,3884
6	Santander	12,0263	39	Energisa	3,2377
7	Banco do Brasil	9,9049	40	Renault	3,1374
8	Ambipar	9,5177	41	Enel	3,0948
9	B3	8,8779	42	Volkswagen	3,0948
10	Natura	8,8717	43	Weg	2,8936
11	Raízen	8,7859	44	Ipiranga	2,8561
12	Coca-Cola	8,5769	45	Mastercard	2,7474
13	BTG Pactual	8,3493	46	Eletrobras	2,7188
14	Magazine Luiza	8,1979	47	L'Oréal	2,6424
15	O Boticátio	8,1043	48	PepsiCo	2,6424
16	Grupo Pão de Açúcar	6,8452	49	Cosan	2,6232
17	Petrobras	6,6978	50	AES Brasil	2,6157
18	Nestlé	6,6646	51	C&A	2,5704
19	Klabin	6,4956	52	MRV	2,4487
20	EDP	5,7461	53	Malwee	2,4484
21	Renner	5,4508	54	Toyota	2,3402
22	Embraer	5,3877	55	Iguá Saneamento	2,3314
23	Fleury	5,0918	56	Starbucks	2,3036
24	CPFL	5,087	57	Aegea	2,2579
25	Braskem	5,0562	58	Nubank	2,1375
26	BRF	4,9015	59	Guararapes	2,041
27	Vibra Energia	4,6546	60	JBS	2,039
28	Heineken	4,6512	61	BRK Ambiental	1,9743
29	Shell	4,1958	62	Cyrela	1,9566
30	Carrefour	4,1319	63	Itaúsa	1,9105
31	Votorantim Cimentos	4,061	64	Dasa	1,8946
32	Danone	3,7113	65	Neoenergia	1,8919
33	CBA	3,622	66	Bayer	1,791

	Empresa	iESG
67	Credit Suisse	1,7099
68	Dexco	1,6068
69	Light	1,5882
70	Arezzo&Co	1,5716
71	CSN	1,5146
72	Cargill	1,4075
73	Engic	1,2997
74	Localiza	1,1059
75	ArcelorMittal	1,0327
76	Equinor	0,906
77	Cielo	0,874
78	Sabesp	0,8668
79	Via	0,8532
80	Elo	0,8168
81	Burger King	0,7515
82	Stone	0,7244
83	Marisa	0,6947
84	Ford	0,6682
85	Alpargatas	0,5389
86	Minerva Foods	0,5349
87	Vivo	0,5055
88	Assaí	0,4762
89	Sigma Lithium	0,3906
90	XP Inc.	0,367
91	CCR	0,3601
92	SulAmérica	0,3044
93	Grupo Soma	0,2281
94	Unipar	0,2029
95	Copel	0,1718
96	Stellantis	0,1639
97	AngloGold	0,1526
98	Procter&Gamble	0,1431
99	Chevron	0,1102
100	Usiminas	0,1051

Fonte: Anuário Integridade ESG 2022

Essa interação da percepção do ESG com o desempenho das empresas ficou tão profunda que, em dezembro de 2023, de acordo com um relato da Bloomberg, a Braskem perdeu sua classificação de grau de investimento da Fitch Ratings, devido aos riscos ambientais causados pelo colapso de uma mina de sal que a empresa operava em Maceió. Segundo a Fitch, o acidente "pode ter um impacto negativo no perfil de crédito, pois prejudica a reputação da empresa e pode comprometer o fluxo de caixa livre". Quando da publicação do relato, a Braskem enfrentava uma ação de R$ 1 bilhão, movida pelo Ministério Público Federal, que se somaria aos R$ 14 bilhões que a empresa já vinha pagando desde 2018 por problemas ambientais e sociais causados pela mesma mina.

Isso mostra que as ações, interações e acidentes de empresas envolvendo o social, o ambiental e a governança já são percebidos como itens daquela cesta de intangíveis que permeia este livro.

Outro tema relacionado ao ESG que tem sido muito discutido é o *greenwashing*, prática de empresas que se passam por ecologicamente corretas por meio de informações falsas ou enganosas sobre suas atividades, produtos ou serviços, ou com afirmações exageradas sobre esforços de sustentabilidade, rótulos enganosos ou estratégias de marketing destinadas a apresentar uma empresa como mais ecologicamente consciente do que realmente é. Usando termos como "biodegradável", "compostável", "orgânico", "natural", "renovável", "verde", "ecológico" etc. de forma indiscriminada, por exemplo, sem conseguir demonstrar que isso é efetivamente verdadeiro. Também estão nesse pacote afirmações inverídicas sobre adquirir matérias-primas de áreas de fornecedores que não praticam desmatamento ou propagandear que reaproveita resíduos de embalagens e restos não usados na fabricação de produtos, sem jogá-los em riachos ou lençóis freáticos. Essa traição à confiança do consumidor costuma custar caro, mas o número de organizações que se arrisca na prática é surpreendentemente grande.

No artigo "How greenwashing affects the bottom line" ("Como o *greenwashing* afeta os resultados financeiros", em tradução livre), publicado em julho de 2022, a *Harvard Business Review* revela que pesquisas realizadas na Europa descobriram que 42% das "ações verdes" das empresas eram exageradas, falsas ou enganosas, o que aponta para uma "lavagem verde" em escala industrial. Até as empresas com as melhores reputações sofrem danos em sua imagem quando escorregam na implantação de "ações verdes". A revista lembra que empresas com uma reputação de alta qualidade conseguiram manter intactos os níveis de satisfação do cliente quando pegas em uma "lavagem verde" – elas experimentaram apenas uma queda pequena e estatisticamente insignificante de 0,30% no American Customer Satisfaction Index (ACSI), o índice de satisfação do consumidor nos Estados Unidos. Por outro lado, a satisfação do cliente relativa a empresas com uma reputação de baixa capacidade cai 2,40% quando são pegas na mesma situação. Embora aparentemente pareça uma diferença pequena entre uma e outra, apenas décimos de perda no índice ACSI acarretam enormes quedas em vendas e na qualidade da reputação da companhia.

E não é só em relação aos consumidores que se dá o prejuízo das empresas que praticam o *greenwashing*. Os investidores também estão de olho. Em uma reportagem de 13 de abril de 2023, o *Wall Street Journal* revela que quase três quartos dos líderes corporativos dizem que a maioria das organizações seria pega se essa prática lesiva fosse investigada minuciosamente, de acordo com uma pesquisa feita com quase 1.500 executivos em 17 países e 7 indústrias realizada pela Harris Poll em nome do Google Cloud. É um número espantoso.

Por outro lado, a pesquisa mostrou também que, para 85% dos executivos entrevistados, os consumidores estão se tornando mais claros quanto à sua preferência de se envolver com marcas sustentáveis. E, mesmo com a incerteza econômica levando os líderes empresariais a aumentarem o foco em clientes, receita e crescimento, os problemas de ESG continuavam sendo uma das três principais prioridades das empresas. Nem tudo está perdido.

As redes sociais mudaram o jogo

Mais do que revolucionar a forma como as pessoas se relacionam, interagem, aprendem, trabalham, se expressam e adquirem bens e serviços, as mídias sociais trouxeram um formidável desafio para as empresas quanto à guarda e manutenção de sua reputação corporativa. Não é à toa que a mãe das redes sociais, a internet, foi considerada uma das maiores invenções da humanidade, ao lado da roda, da eletricidade, do telefone.

Se até o advento das redes sociais era possível lidar com um quadro absolutamente previsível de quem detinha o monopólio de registrar, emitir ou publicar qualquer tipo de fato ou notícia – como os meios "normais" de comunicação –, a partir da chegada das redes se tornou simplesmente impossível controlar essa emissão. Hoje, qualquer indivíduo de posse de um aparelho celular registra e publica tudo a qualquer momento com grande facilidade. Isso escancarou fragilidades das companhias, como já vimos em alguns exemplos citados anteriormente.

Por incrível que possa parecer, no exato momento em que este livro é escrito ainda existem organizações que subestimam o impacto que as redes sociais podem ter em sua imagem. Acreditam erroneamente que se trata de expressões individuais e inocentes de indivíduos, quando na verdade elas se tornaram verdadeiros tribunais de julgamento do comportamento dessas empresas. O registro instantâneo de reclamações sobre produtos e serviços nas redes se tornou um dos principais fatores de aferição da reputação de uma empresa, por qualquer metodologia de aferição. Marcas foram feridas e até destruídas por esses julgamentos feitos nas redes. Se até a década de 1990 tudo dependia da cobertura que a mídia tradicional faria do fato, a partir de meados dos anos 2000 isso poderia ocorrer em questão de horas e até mesmo minutos.

Para lidar com esse cenário altamente incerto e desafiador, muitas empresas passaram a se preparar de forma mais adequada, montando estruturas generosas para monitorar seus clientes e consumidores nas redes sociais e interagir com eles. Elas abrigam profissionais treinados para dar respostas e soluções em tempo bastante curto, com a consciência de que a cada minuto que uma opinião ruim fica nas redes a possibilidade de que ela alcance cada vez mais pessoas é absurdamente real (veja mais adiante o exemplo da United Airlines).

Hoje é possível reclamar de um produto ou serviço em uma rede social e falar diretamente com a empresa em busca de uma solução, de forma rápida e sem intermediários, num tipo de comunicação de duas vias que era impensável até algumas décadas atrás, principalmente por impossibilidade tecnológica. A regra, em geral, é: responda ou anule rapidamente uma opinião ruim, e responda e amplifique ao máximo uma impressão positiva. É uma forma totalmente nova de fazer comunicação de marca em tempo real, com grandes desafios e oportunidades.

Dessa forma, boa parte das verbas de marketing, que antes eram voltadas quase que exclusivamente para a propaganda tradicional – e, portanto, seguindo a regra de emissão da mensagem em sentido único –, passou a ser destinada à comunicação digital, impactando o público que navega e se informa na web, de forma direta e com estratégias que precisam ser ajustadas em tempo real, de acordo com as reações.

Esse procedimento, como já se disse aqui, traz inúmeros desafios. O principal parece ser a necessidade de ser transparente e sincero o tempo todo. Empresas que não estavam acostumadas a prestar contas a seus clientes no "marketing antigo" aprenderam que não é mais possível esconder nada nem dar explicações ou desculpas incompletas aos consumidores. E tudo isso precisa ser feito de forma cortês.

Isso parece não ter sido notado pelo CEO da Hurb, empresa de intermediação turística. No início de 2003, João Ricardo Mendes ficou descontente com críticas recebidas pela empresa nas redes sociais, feitas por clientes insatisfeitos com o não cumprimento de obrigações com passagens de avião e reservas de hotéis. Agindo de forma intempestiva, o próprio Mendes respondeu às críticas nas redes sociais, de forma agressiva, chegando a xingar um cliente em um vídeo, que acabou viralizando na web e atingindo milhões de visualizações.

O episódio causou uma grande crise de reputação para a Hurb, que vinha se destacando como uma promissora "turistech", empresa que utiliza tecnologia para oferecer serviços de turismo de forma mais fácil e rápida. Com o desastre causado pela reação, Mendes renunciou ao cargo de CEO como forma de tentar atenuar a crise e foi sucedido por Otávio Brissant. Mas a crise estava instaurada, e o Hurb viu uma fuga de clientes e também dos investidores que haviam apostado no projeto (e aqui nos lembramos novamente das sábias palavras de Warren Buffett). Após uma breve gestão, em que não conseguiu conter a sangria de reputação, Brissant renunciou e Mendes voltou ao cargo de CEO, tentando um recomeço para a empresa após o vendaval de desastres causado por ele mesmo.

Esse exemplo mostra como é escorregadio o cenário de navegação nas redes sociais para as marcas. E tal cenário tem tirado o sono de empresários e empreendedores, principalmente pelo fato de que um erro ou uma má conduta nas redes pode significar uma grande perda de dinheiro. Utilizando dados de diversas pesquisas de 2020 a 2022, a especialista em crises norte-americana Jennifer Bridges listou alguns dados para justificar essa preocupação:

- 3 em cada 4 clientes do TripAdvisor entrevistados disseram que as avaliações on-line eram "extremamente ou muito importantes" na tomada de decisões de viagem.
- Aproximadamente 50% dos consumidores pagariam mais por um produto se a empresa tivesse avaliações positivas nas redes sociais ou sites especializados em consumo.
- 70% dos consumidores estavam mais inclinados a preferir uma empresa que respondesse a avaliações negativas nas redes sociais.
- 56% das pessoas confiavam mais nos motores de busca quando pesquisavam uma empresa.
- 79% dos consumidores acreditam que as avaliações on-line são tão confiáveis quanto as recomendações pessoais.

- 70% dos consumidores usavam filtros de classificação enquanto procuravam empresas.
- Apenas 3% dos consumidores disseram que considerariam usar uma empresa com uma classificação média de duas ou menos estrelas nas redes sociais (numa escala de 1 a 5).
- 94% dos consumidores afirmaram que uma crítica negativa na web os convenceu a evitar usar alguma empresa.
- Mais da metade dos consumidores disse que a confiança só perde para o preço quando se trata de decidir fazer negócios com uma marca.
- 31% dos indivíduos acessaram o site de uma empresa depois de ver uma avaliação positiva nas redes sociais.
- Houve um aumento de 108,3% na conversão entre consumidores que interagem com avaliações nos sites especializados em consumo.
- Os consumidores liam em média 10 avaliações na internet antes de considerar uma empresa confiável.
- 44% das pessoas não comprariam um produto se ele não tivesse nenhuma avaliação ou comentário nas redes sociais.
- Empresas com uma classificação inferior a 5 estrelas poderiam perder 12% da sua base de clientes.

Para complementar, uma pesquisa feita em 2015 por Dan Hinckley, da consultoria Go Fish Digital, tomando como referência a base de buscas por produtos e serviços no Google, revelou que as empresas correm o risco de perder 22% dos negócios quando clientes em potencial encontram um artigo negativo na primeira página dos resultados de pesquisa. Esse número aumenta para 44% de negócios perdidos com dois artigos negativos e 59% com três artigos negativos.

Traduzindo em dinheiro, estamos falando de bilhões e bilhões de dólares em negócios, sem contar quantias equivalentes na desconstrução e possível recuperação de passivos reputacionais. Então, como não olhar para as redes sociais com toda a atenção possível?

O papel dos influenciadores digitais

Além da atuação cotidiana nas redes sociais, em busca de criar ou manter reputação, as marcas também descobriram uma nova maneira de atrair e fidelizar seus consumidores: por meio dos influenciadores digitais. Segundo um estudo elaborado em 2023 pelo site Cupom Válido com base em dados da Statista Global Consumer Survey e da HootSuite (plataforma de gerenciamento de mídia na web), o Brasil ocupa o primeiro lugar no ranking mundial de países nos quais os influenciadores digitais exercem maior poder sobre a decisão de compra dos consumidores, com 43%.

Há outros números impressionantes sobre o poder de pessoas famosas na web. Segundo dados de 2021 do Digital Marketing Institute, 49% dos consumidores dependem das recomendações de influenciadores para comprar e 40% compraram algo depois de ver suas postagens no X (antigo Twitter), no YouTube ou no Instagram. Cálculos do mesmo instituto indicam que de cada US$ 1 gasto com influenciadores, uma marca ganha em média US$ 6 de retorno. É muito mais retorno do que na propaganda normal. Por isso não se estranha o fato de que segmentos como moda e beleza nos Estados Unidos colocaram os influenciadores em 57% de seu mix de marketing em 2020. O site Influencer Marketing Hub calcula que em 2022 foram gastos US$ 16,4 bilhões em todo o mundo em ações desse tipo.

O uso dessas figuras, que podem ser absurdamente famosas ou apenas conhecidas no bairro onde moram, explodiu nos últimos anos e trouxe junto uma série de riscos a serem observados na hora de escolher quem falará por sua empresa na tentativa de influenciar as pessoas que as seguem.

A ideia central, de utilizar pessoas conhecidas de multidões ou de nichos específicos para falar bem de um produto, serviço ou marca, não é necessariamente nova. Está no cerne da publicidade, na figura dos(as) "garotos(as)-propaganda". O que mudou foi a dimensão das massas de seguidores e a grande diversidade de influenciadores disponíveis no mercado. O cardápio de opções vai desde atores e cantores, que influenciam dezenas de milhões de fãs, até pessoas conhecidas em áreas específicas, que influenciam alguns milhares de consumidores de interesse vital para o anunciante.

Mas essa história está sendo escrita com muitas dificuldades, principalmente porque é lenta a curva de aprendizado das empresas na hora de escolher quem falará em seu nome nas redes sociais. Escolher alguém que tenha um comportamento ou perfil inadequado é o maior risco, sem contar acidentes de percurso.

Uma das grandes armadilhas para as empresas é misturar, mesmo que involuntariamente (embora as pesquisas estejam aí para isso), suas marcas com pessoas famosas que tenham agendas polêmicas sobre assuntos delicados como política ou orientação sexual. Um caso famoso e sintomático aconteceu em 2023 com a cervejaria norte-americana Anheuser-Busch (do qual falaremos mais adiante), e um caso semelhante ocorreu com a marca brasileira de chocolates Bis, da Mondelez. Ao escolher o influencer Felipe Neto para promover o produto em suas redes sociais, a empresa não previu que o posicionamento político de Felipe, mais alinhado à esquerda, desencadearia uma grande reação de formadores de opinião (e influencers também) de direita nas mesmas redes sociais, incentivando um boicote ao produto nas lojas e supermercados. Houve relatos não confirmados de que o movimento deu resultado, com supostos registros de prateleiras cheias de Bis, enquanto os produtos concorrentes tiravam vantagem da situação.

Independentemente da veracidade desses relatos, a exposição que o caso teve e sua má repercussão nas redes sociais – a hashtag #BISnuncamais chegou a ficar entre os assuntos mais comentados do X – trouxe ruídos indesejáveis para a marca, pois isso obviamente escapou dos objetivos iniciais da Mondelez, de fazer apenas a promoção de um de seus principais produtos nas redes sociais, com um influenciador que a princípio teria tudo a ver com o perfil do público que consome Bis e possui uma considerável legião de seguidores. Segundo o site NaTelinha, especializado em celebridades, a partir desse episódio, a Mondelez iria revisitar sua política de escolha de influenciadores para campanhas, evitando aqueles que possam ter "posição política e ideológica exposta publicamente, ter se envolvido com polêmicas em torno de racismo ou de qualquer outra situação de preconceito e ter emitido opiniões controversas".

Outro caso rumoroso foi a da influencer de vida saudável Gabriela Pugliesi, que chegou a ter 4,6 milhões de seguidores no Instagram. No início de 2020, quando a pandemia de covid-19 estava se alastrando de forma alarmante e uma das principais formas de não espalhar o vírus era não promover aglomerações, Gabriela fez uma festa em sua casa com a presença de diversos convidados, que não usavam máscara nem mantiveram a distância recomendada, com direito a registro fotográfico nas redes sociais. Além de ser duramente criticada por seus seguidores, artistas, políticos e até por outros influenciadores, Gabriela perdeu rapidamente os contratos de patrocínio que mantinha com pelo menos oito marcas, e outras empresas importantes que já tinham mantido patrocínios com a influenciadora declararam que jamais voltariam a fazê-lo. Após perder rapidamente quase 100 mil seguidores, ela trancou seu perfil no Instagram e voltou apenas após meses de "purgatório". Em janeiro de 2024 ela possuía 5,7 milhões de seguidores no Instagram, onde mostra principalmente detalhes de sua gravidez e a vida de mãe, mostrando que foi perdoada pela opinião pública (ou pelo menos por uma parte dela).

No cenário internacional também há vários registros de conflito no uso de influenciadores para representar os valores de uma marca. O maior desastre talvez tenha ocorrido com a Pepsi. Em 2017, a fabricante de refrigerantes lançou um anúncio estrelado pela modelo Kendall Jenner, com forte veiculação nas redes sociais, mostrando um protesto de pessoas negras convenientemente localizado perto da sessão de fotos de Kendall. Ela, em um ato de "rebeldia", pega uma lata de Pepsi e a entrega a um policial, que, após tomar um gole do refrigerante, passa para o lado dos manifestantes. Em pleno movimento do Black Lives Matter, que protestava contra a morte de pessoas negras pela polícia nos Estados

Unidos, a veiculação do anúncio trouxe uma enxurrada de críticas nas redes sociais, de seguidores comuns da modelo até figuras ilustres como Bernice King, filha do líder antirracista Martin Luther King. A Pepsi parou de veicular o anúncio na TV e nas redes sociais e pediu desculpas, mas o estrago estava feito.

Em 2020, a grife francesa Lacoste encerrou seu acordo com os rappers Moha La Squale e Roméo Elvis, contratados para espalhar os valores da marca entre consumidores mais jovens, depois que ambos foram acusados de assédio e abuso sexual por diversas mulheres nas redes sociais. Embora a marca francesa tenha se movimentado rápido, ficou no ar a dúvida se as grandes companhias realmente pesquisam e entendem o comportamento dos influenciadores mais populares para ter uma noção mais exata do risco que podem correr ao mantê-los como embaixadores de marca.

Todos esses casos – e muitos outros que continuam a acontecer no mundo – mostram que apelar a uma figura pública para representar valores e mensagens de marca nas redes sociais não é uma ciência exata, muito pelo contrário. Sem o devido cuidado, estudo e pesquisa, uma escolha assim pode se transformar numa corrente contrária destruidora de reputações, mesmo as mais altas. E, em alguns casos, como veremos mais adiante com a Budweiser, a escolha errada pode causar perdas milionárias e custar posições mercadológicas históricas.

Inteligência artificial, reputação real

No momento em que este livro é escrito, nenhum tema gera mais controvérsia na gestão da reputação de empresas do que o uso da inteligência artificial (ou IA). Na verdade, o avanço rápido da IA em praticamente todos os setores da sociedade tem causado surpresa, fascínio e preocupação. Quanto à reputação, as preocupações são óbvias: como controlar a criação e o uso de informações, imagens e até opiniões geradas por softwares que condensam dados de milhões de fontes e "cospem" o resultado em questão de segundos, substituindo a criação humana? Se, ao termos identificados e controlados os emissores desses elementos, a gestação de imagem já era uma tarefa complexa e muitas vezes inglória, o que dizer de um cenário em que não haverá mais intervenção humana na produção dos fatores que constroem uma reputação?

Por um lado, o uso da IA ajudará muito na identificação e na resposta a menções negativas às marcas nas redes sociais, inclusive ao entender a situação e compor a resposta mais adequada no menor tempo possível. Também poderá ser usada para fazer grandes compilações de menções, opiniões e diversos tipos de conteúdo para traduzir o sentimento da opinião pública em relação a algum produto ou serviço em um tempo incrivelmente pequeno. A partir daí, poderá determinar estratégias assertivas baseadas em casos semelhantes, inclusive se tornando uma ferramenta fundamental para lidar com as crises de reputação que muitas vezes ferem de morte grandes marcas. É sabido que o tempo de resposta a uma crise é o fator fundamental para conseguir superá-la. Com a IA generativa – que é o uso de IA para criar novos conteúdos, como texto, imagens, música, áudio e vídeos –, toda a análise de cenário, a escolha das ferramentas e a construção de narrativas e posicionamentos para enfrentar a crise poderão ser feitas em curto espaço de tempo e com uma assertividade muito maior do que se fossem feitas por equipes formadas por profissionais humanos.

Por outro lado, a falta de controle sobre a informação produzida nas redes sociais – alimento principal dos softwares de IA – trará ameaças como surtos de avaliações falsas, campanhas coordenadas de desinformação, narrativas plantadas de forma maliciosa para interferir ou direcionar os resultados e até a criação e veiculação de áudios, vídeos e fotos que parecem absolutamente verdadeiros, mas que foram feitos artificialmente e podem ter um poder devastador de construção ou destruição de imagem e reputação.

Neste momento, o grande ponto de inflexão do uso do IA na gestão de reputação é o controle e a emissão dos dados que o sistema vai utilizar para gerar seus resultados e todas as implicações éticas que há por trás disso. Por enquanto, a única forma de influenciar é colocar o máximo de boas referências e dados consistentes em todas as redes sociais e impactar manifestações de toda a cadeia de públicos de interesse, para que não haja entre eles nenhum buraco não coberto que possa gerar um conteúdo negativo que, fatalmente, cairá na rede de captação dos softwares de IA. É uma estratégia que não difere daquela observada no tempo pré-inteligência artificial – a diferença é que agora não estamos lidando com formas humanas de colher e traduzir esse material (mesmo que antes as ferramentas de busca, como o Google, já fizessem esse compilado automaticamente).

Mas há buracos negros a serem analisados. Nem os influenciadores digitais escaparam da onda de IA. Em 2023, a influenciadora Aitana López conquistou rapidamente 200 mil seguidores, mostrando fotos sensuais, com olhares provocantes e uma linguagem muito convidativa para o público masculino, postura que foi capaz de gerar um faturamento de R$ 50 mil mensais para ela, turbinado por posts em que anuncia desde lingerie até produtos de beleza. O único problema é que ela não é real, pois foi criada por inteligência artificial. Antes dela, Lil Miquela havia estreado em 2016 e atingido 1,6 milhão de seguidores, mas era claramente uma personagem fictícia, principalmente pelos movimentos de robô e a interface gráfica antiquada. A chegada de Aitana marcou um novo momento para o que passou a se chamar de "influenciadores virtuais". Estamos assistindo à cristalização de uma tendência ou ao começo de uma nova era no mundo dos influenciadores digitais, mesmo que não sejam reais? Só o tempo dirá.

Enquanto os governos discutem formas de controlar ou regulamentar o uso da IA, principalmente no que se refere a questões éticas e de privacidade, muitas empresas ao redor do mundo já a adotaram em suas estratégias de gestão de reputação. De acordo com um estudo de 2023 do site InternetReputation.com, as empresas que já utilizam IA na gestão da reputação observaram um aumento de 25% na confiança do cliente e na fidelidade à marca.

PARTE TRÊS

Colocando tudo a perder: os casos

Embora tenhamos visto até aqui diversos exemplos de marcas que entraram em apuros com sua reputação, há alguns casos que merecem um olhar mais atento, devido a alguma característica específica – desleixo, azar, soberba, despreparo ou simplesmente ganância. Não foi fácil escolher esses dez relatos, pois o Brasil e o mundo assistem praticamente todos os dias a episódios em que alguma empresa fez algo de errado que mancha ou destrói sua imagem perante o público. Para relatar todos eles seriam necessárias milhares de páginas.

Aqui deu-se preferência aos casos mais recentes ou àqueles que não poderiam ficar de fora, por sua representatividade e pelos ensinamentos que deixaram. Todos eles nos lembram de como é delicado – e, em alguns momentos, praticamente um ato de suicídio – o fato de não dedicar a devida atenção aos efeitos externos de imagem que as decisões nos escritórios e salas de diretoria poderão gerar.

Americanas

O impacto de uma crise na reputação de uma empresa envolve quase sempre a memória afetiva do consumidor sobre a marca que está em julgamento. Por isso o inferno astral atravessado pela Americanas desde o início de 2023 chamou tanto a atenção. Mesmo este autor relembra com carinho das tardes em que ia com sua mãe à então Lojas Americanas, no centro de São Paulo, para olhar as vitrines e comer um delicioso cachorro-quente. A empresa foi fundada em 1929 no Rio de Janeiro pelos norte-americanos John Lee, Glen Matson, James Marshall e Batson Borger e o austríaco Max Landesmann como uma loja de produtos baratos, vendidos então por 2 mil réis, e já era uma tendência nos Estados Unidos. A rede chegou a ter 3.600 lojas, e na década de 1980 foi adquirida pela 3G Capital Partners – comandada pelos sócios Jorge Paulo Lemann, Marcel Telles e Carlos Alberto Sicupira. Nos anos 2000 foi gradualmente abandonando o "Lojas" do nome para ser apenas Americanas, após o sucesso da operação de e-commerce, que levava esse nome.

Com uma imagem de aparente sucesso empresarial, a Americanas brandia no mercado o prestígio representado por seus principais acionistas – Lemann, Sicupira e Telles figuram nas listas dos homens mais ricos do Brasil, com um patrimônio conjunto estimado em quase US$ 40 bilhões, e controlam também empresas globais como a AB InBev, Kraft Heinz e Burger King, entre outras.

Toda essa fortaleza começou a ruir no dia 11 de janeiro de 2023, quando a Americanas anunciou a descoberta de um rombo de R$ 20 bilhões em sua contabilidade. Embora o mercado tenha entrado em estado de choque, a companhia garantia que eram apenas "inconsistências contábeis". Mas o tempo provou que não. Seguiu-se uma série de irregularidades e de acusações contra executivos da empresa, que teriam manipulado os dados dos balanços (a Americanas tem o capital aberto na bolsa) para esconder os prejuízos, que em pouco tempo saltaram para a inacreditável cifra de R$ 40 bilhões, o dobro do que se supunha inicialmente. Também se apontou o dedo para o conselho de administração, que não teria percebido o que acontecia, assim como críticas foram feitas à PwC, auditoria que checava se os números fornecidos correspondiam à realidade. Logo após o anúncio do rombo, as ações da empresa despencaram quase 80% na bolsa, com uma perda estimada de US$ 8 bilhões em valor de mercado. Logo em seguida, a empresa entrou com um pedido de recuperação judicial.

Para tentar conter a sangria, a Americanas nomeou como CEO o executivo Sergio Rial, ex-presidente do banco Santander no Brasil e que já era membro do conselho de administração da empresa. A gestão de Rial durou apenas nove dias e acabou de forma ruidosa, quando o executivo renunciou devido a "inconsistências contábeis" encontradas nos números da empresa. No processo de desconstrução, a companhia chegou a demitir 5 mil de seus 44 mil funcionários e fechar 1.400 lojas (não há dados precisos quanto a isso).

A partir daí, seguiu-se um calvário que praticamente extinguiu a reputação da Americanas como existia até então. Como costuma acontecer nesses casos, problemas anteriores não necessariamente ligados ao rombo fiscal começaram a aparecer, com a divulgação de práticas não ortodoxas na gestão por parte de inúmeros executivos, que aos poucos iam se desligando da empresa. Nada danifica mais a reputação de uma empresa do que a divulgação em série de más notícias e a falta de explicação para elas. A empresa ficou nas cordas, paralisada e sem reagir.

O ocaso da Americanas suscita diversas reflexões sobre gestão de reputação e crises empresariais. A primeira conclusão é a de que não há reputação que sobreviva a malfeitos financeiros gestados no coração da organização e que se tornam públicos de repente. A segunda, também óbvia, é que houve uma grande falha em comunicar aos consumidores e demais públicos de interesse o que estava acontecendo. O vendaval da sucessão de más notícias poderia ter sido contrabalançado com informes sobre as medidas que estavam sendo tomadas para retomar a normalidade dos negócios. A Americanas aparentemente vai resistir a esse episódio e pode até voltar a seus tempos áureos, mas as lições que ela deixa sobre falta de transparência e de respeito para com a opinião pública ainda vão ecoar por muito tempo.

Boeing

Uma das grandes preocupações de uma empresa que fabrica aviões é, ou deveria ser, que eles não caiam ou soltem peças enquanto estiverem voando. Parece uma afirmação bastante óbvia, mas uma análise do caso da Boeing traz intrincados elementos que desafiam esse conceito e configuram um caso rumoroso sobre gestão de reputação e desconfiança da opinião pública sobre uma questão tão delicada quanto a segurança em voo e a integridade física dos passageiros.

Para enfrentar um mercado de aviação comercial cada vez mais competitivo, principalmente com o modelo A320 da rival europeia Airbus (e suas derivações posteriores), a Boeing começou a projetar o modelo 737 MAX, em 2011, com foco em uma aerodinâmica que proporcionaria eficiência no consumo de combustível (um dos principais elementos de despesa para a operação) e um desempenho aprimorado, principalmente em relação à bem-sucedida série Boeing 737 Next Generation, inclusive aproveitando o mesmo treinamento dado aos pilotos, o que iria gerar outra oportunidade de reduzir custos.

Para acelerar o lançamento do 737 MAX, atendendo à pressão dos acionistas por melhores resultados operacionais, a Boeing seguiu uma estratégia conhecida como "mudança mínima, benefício máximo", com pequenas alterações no *design* existente do 737 e a adoção de novos motores, mais econômicos. Essa decisão, que encurtou os prazos normais para o lançamento de um modelo de aeronave, significou também mais desafios em termos de manutenção da estabilidade e na manobrabilidade da aeronave. O 737 MAX ganhou sua certificação da Administração Federal de Aviação (FAA) dos Estados Unidos em março de 2017, o que significava que as unidades que já estavam sendo fabricadas poderiam começar a ser entregues.

Começou aí uma série de eventos – fatais ou não – cuja responsabilidade continua a ser discutida, mas que caracterizam um dos mais polêmicos casos de gestão de reputação das últimas décadas.

Em 29 de outubro de 2018, um voo da Lion Air, da Indonésia, caiu no Mar de Java logo após decolar de Jacarta. A aeronave era um Boeing 737 MAX 8. As autoridades descobriram que a causa foi a transmissão de dados errados de um sensor do sistema automatizado de controle de voo, projetado para melhorar a estabilidade de inclinação. A falha fez com que o nariz da aeronave fosse empurrado para baixo, anulando as tentativas dos pilotos de recuperar o controle. Todos os 189 passageiros e tripulantes a bordo morreram no acidente, e a partir daí começaram a surgir dúvidas sobre a confiabilidade do sistema de controle de voo do 737 MAX.

Pouco tempo depois, em 10 de março de 2019, uma aeronave da Ethiopian Airlines, indo da Etiópia para o Quênia, caiu logo após decolar do aeroporto de Adis Abeba. Novamente, o modelo em questão era um Boeing 737 MAX 8, e as causas do acidente foram muito semelhantes às do ocorrido na Indonésia. Todos os 157 passageiros e tripulantes a bordo morreram.

Depois do segundo acidente, a operação do Boeing 737 Max foi suspensa, e o modelo foi proibido de voar na maioria dos países. O episódio causou enormes prejuízos à Boeing. Após intensas batalhas judiciais, envolvendo acusações de fraude nas informações passadas às agências reguladoras de segurança de voo, a Boeing concordou em pagar, em janeiro de 2021, uma multa de US$ 243,6 milhões, mais US$ 1,77 bilhão em danos a clientes de companhias aéreas e US$ 500 milhões para um fundo de beneficiários de vítimas de acidentes, totalizando mais de US$ 2,5 bilhões. Em 10 de março de 2019 e nos dias seguintes à queda do voo 302 da Ethiopian Airlines, o preço das ações da Boeing despencou. Em 23 de março de 2019, elas tinham perdido 18%, uma queda de US$ 40 bilhões de dólares no valor de mercado da companhia.

Em termos de gestão de crise de reputação, a atuação da Boeing deixou muito a desejar. Após os dois acidentes, a companhia insistiu que o modelo 737 MAX era seguro para voar, sugerindo que os acidentes se deviam a falhas operacionais causadas pelos pilotos e se negando a recolher todas as unidades entregues para verificação. O primeiro comunicado público da companhia só aconteceu 26 dias após o segundo acidente, em um vídeo no qual o CEO Dennis Muilenburg explicava de forma confusa as causas dos problemas com os dois aviões acidentados, dizendo que a Boeing "lamenta pelas vidas perdidas" e que as "tragédias continuam a pesar em nossos corações e mentes". E promete que as falhas "jamais acontecerão de novo". E foi só.

Enquanto isso, nas redes sociais, milhões de passageiros incertos em relação à segurança do modelo faziam críticas à companhia e pediam mais explicações sobre as causas dos problemas. Em 23 de dezembro desse mesmo ano, após inúmeras críticas pela falta de transparência e de diálogo com seus públicos de interesse, a Boeing demitiu Muilenburg.

O caso gerou tanta consternação e tanto alvoroço que até um livro e dois documentários foram lançados, em 2022. Em 2023, após quatro anos de aperfeiçoamento dos sistemas de navegação da aeronave e inúmeras rodadas de novos treinamentos para os pilotos de todas as companhias aéreas que operavam o modelo, aos poucos o modelo 737 MAX 8 recebeu autorização para voar.

No dia 5 de janeiro de 2024, porém, um Boeing 737 MAX 9 (evolução do MAX 8) da Alaska Airlines teve de fazer um pouso de emergência no aeroporto de Portland, Oregon, depois que um pedaço da fuselagem se quebrou no ar, deixando um buraco do tamanho de uma porta na lateral da aeronave (ninguém se feriu). O acidente levou a Administração Federal de Aviação dos Estados Unidos a mandar que se parasse de usar os modelos MAX 9 até que fossem inspecionados. Essa história ainda não acabou.

Budweiser

Poucas vezes a teoria de que um golpe na reputação pode significar também um golpe financeiro foi tão real quanto o caso da cerveja norte-americana Budweiser. Nesse caso, como já vimos anteriormente, a falta de cuidado na escolha de um influenciador digital para falar em nome da marca causou a perda histórica de uma liderança de mercado muito representativa. Em tempos de grande polarização política, no Brasil e no mundo, sinalizar a escolha de um lado pode ser catastrófico. Isso coloca as marcas em uma eterna saia justa, sempre tentadas a entrar na esfera mais íntima de convicções pessoais dos consumidores para ganhar suas mentes, enquanto não conseguem antecipar quais serão as reais consequências de cada escolha.

Em 1º de abril de 2023, estreou nas redes sociais uma campanha da cerveja Bud Light protagonizada pela influenciadora digital e ativista transgênero Dylan Mulvaney. Vestida como a personagem de Audrey Hepburn no filme *Bonequinha de luxo*, e atrás de cinco latas da marca, Mulvaney promoveu na gravação o March Madness – fase final do campeonato universitário de basquete dos Estados Unidos – e também seu primeiro ano como mulher. Entre elogios à cerveja, incentivou os seus seguidores a participarem de um concurso que oferecia a chance de ganhar US$ 15 mil para quem enviasse vídeos mostrando que estava carregando o máximo de latas de cerveja da marca que pudesse.

A reação nas redes sociais à participação de Dylan Mulvaney como garota-propaganda da Budweiser – em tese um produto dedicado ao público essencialmente masculino – foi imediata. Logo após a veiculação do primeiro vídeo, a internet se encheu de vídeos de pessoas quebrando, jogando e pisando garrafas de Bud Light. A temperatura só subia: nos dias seguintes, diversas fábricas da Anheuser-Busch InBev – fabricante e dona da marca de cerveja, também controladora da brasileira Ambev

– tiveram que fechar devido a ameaças de bomba. Consumidores identificados com pautas conservadoras e ativistas anti-LGBTQIA+ passaram a pedir um boicote em massa à Bud Light.

Somente duas semanas depois da veiculação do vídeo e do início dos protestos o CEO da Anheuser-Busch nos Estados Unidos, Brendan Whitworth, divulgou um comunicado que se referia indiretamente à parceria Mulvaney-Bud Light, alegando que "nunca pretendemos fazer parte de uma discussão que divide as pessoas, nosso objetivo é reunir as pessoas para tomar uma cerveja". Mas a turbulência ainda nem estava perto do fim. Os responsáveis pelo marketing da companhia se demitiram, em meio aos protestos que não acabavam, e o próprio ex-presidente Donald Trump interveio na polêmica, apelando ao fim do boicote a uma empresa "icônica americana".

Além dos danos à reputação, a crise causou prejuízos mercadológicos expressivos à Bud Light. As vendas da cerveja nos Estados Unidos caíram 17% em meados de abril, informou o *Wall Street Journal*, e nesse mesmo período as concorrentes Coors Light e Miller Light viram suas vendas saltarem quase 18%. Os distribuidores da marca passaram a se revoltar, e no final de maio a Bud Light teve de se comprometer com eles a comprar de volta os lotes que haviam vencido por não terem sido vendidos por causa do boicote. Na mesma época, a Bud Light cedeu o título de marca de cerveja mais vendida nos Estados Unidos para a Modelo Especial, de origem mexicana. Em 26 de julho de 2023, a Anheuser-Busch anunciou a demissão de 2% de seus 18 mil funcionários norte-americanos, devido às fracas vendas da Bud Light. Segundo dados revelados pela própria fabricante, o declínio no faturamento da organização como um todo no segundo trimestre de 2023 foi de US$ 395 milhões, comparado com o mesmo período do ano anterior. O pior veio no mercado de ações: durante o período de crise, as ações da Anheuser-Busch chegaram a cair 11% na Bolsa de Nova York, uma desvalorização de US$ 6 bilhões.

No final de 2023 a crise parecia ter arrefecido, após a empresa ter gastado centenas de milhões de dólares em novas campanhas publicitárias para deixar para trás a polêmica com Mulvaney – que se queixou publicamente de ter sido abandonada pela Anheuser-Busch durante todo o episódio, enquanto ela suportava meses de assédio e ataques nas redes sociais, o que causou a fúria de movimentos LGBTQIA+, que agora passaram a ameaçar eles mesmos a boicotar as marcas da companhia. Mas ficaram algumas lições importantes do episódio. A principal delas é que a Budweiser quis embarcar na onda da diversidade sem prever as consequências e sem estar preparada para elas.

Após a deflagração da crise, a empresa demorou a se pronunciar e, quando o fez, foi de forma tímida e medrosa, sem assumir nenhum posicionamento público mais firme e, conforme pedia a situação, mais voltado para valores de cidadania em detrimento dos interesses comerciais, já que o prejuízo era certo. Perdeu a oportunidade de se firmar como uma empresa alinhada com os novos tempos, em que a diversidade embutida nos valores de ESG (como já vimos anteriormente) é uma corrente que só vai ficar mais forte com o decorrer dos anos. Preferiu ceder à pressão dos conservadores, inclusive veiculando em seguida uma campanha em homenagem aos militares, o que aprofundou a percepção de que o posicionamento da Bud Light era não ter posicionamento, em busca de agradar ao maior número de pessoas possível.

O tsunâmi gerado pela campanha levou de enxurrada uma boa parcela da reputação das marcas envolvidas, custou o emprego de alguns executivos graúdos e causou um enorme prejuízo financeiro e de relacionamento com seus *stakeholders*. É provável até que a Bud Light recupere as vendas e volte a ser a cerveja mais vendida dos Estados Unidos, mas o "episódio Mulvaney" ficará marcado para sempre na história da marca.

Carrefour

Enfrentar uma crise de reputação é também uma grande oportunidade de aprendizado e melhoria de processos para a maioria das empresas. Mas não foi o que ocorreu com o Carrefour no Brasil. Maior rede de supermercados em operação no país, a marca francesa enfrentou dois momentos agudos para sua reputação, e até o final de 2023 sofria com as consequências dos acontecimentos. É sabido que as operações de varejo, por terem múltiplos pontos de contato com centenas de milhares de consumidores todos os dias, estão mais sujeitas à ocorrência de episódios que possam ser uma ameaça à sua reputação. O Carrefour aprendeu essa lição da forma mais difícil no Brasil.

Entre outros incidentes menores entre 2013 e 2023, um deles marcou o início do inferno astral da empresa francesa. No dia 28 de novembro de 2018, o vira-lata Manchinha foi envenenado e espancado até a morte com uma barra de alumínio por um dos seguranças de uma loja Carrefour de Osasco, São Paulo. O episódio, que foi testemunhado e filmado, tomou proporções nacionais ao invadir as redes sociais e ser noticiado com frequência na imprensa. Houve revolta e indignação da opinião pública, e ativistas promoveram protestos em frente à loja de Osasco em dezembro daquele ano. A comoção foi tão grande que o incidente levou à criação de uma lei federal, em setembro de 2020, impondo penas mais severas a crimes relacionados ao abuso de animais.

Mas o calvário reputacional do Carrefour não terminou aí. O acontecimento seguinte seria determinante para minar de vez a imagem da companhia perante a sociedade brasileira. No dia 19 de novembro de 2020, um dia antes do Dia da Consciência Negra, um homem negro foi morto por seguranças após uma briga com um caixa de uma loja do Carrefour em Porto Alegre. João Alberto Silveira Freitas foi espancado até a morte no estacionamento. Os seguranças foram presos e acusados de homicídio qualificado.

Nos dois casos a defesa afirmou que se tratava de ações impetradas por seguranças de uma empresa terceirizada, que não eram funcionários diretos do Carrefour. Mas isso serviu apenas para colocar fogo na discussão sobre a responsabilidade dos contratantes de terceirizados que atuam dentro de suas lojas ou espaços corporativos, e obviamente a balança pendeu contra a empresa. Ficou claro que, dentro de suas dependências, e em contato com seus clientes, a responsabilidade do contratante é total.

Entre os dois incidentes gravíssimos, um outro chamou menos a atenção porque não foi causado por violência. Em 14 de agosto de 2020, um vendedor de uma empresa fornecedora do supermercado sofreu um infarto fulminante em uma unidade do Recife e teve o corpo coberto por guarda-sóis, enquanto a loja funcionava normalmente. Uma demonstração de grande falta de empatia e insensibilidade diante da morte de um ser humano.

O que estaria acontecendo com o Carrefour? A forma como a corporação lidou com essas catástrofes humanas foi motivo de muitas críticas e reprovações. No caso do assassinato de João Alberto, a empresa demorou para reagir e se posicionar. Somente três dias após o ocorrido a empresa se pronunciou. Seis dias depois, na manhã do dia 20, publicou um comunicado curto em que lamentava o episódio e dizia que iria romper o contrato com a empresa terceirizada de segurança, pelo que sofreu muitas críticas por tentar terceirizar a responsabilidade pelo ocorrido. À noite, o CEO do Grupo Carrefour no Brasil, Noël Prioux, se pronunciou em um comunicado exibido inicialmente na TV Globo, durante o intervalo do *Jornal Nacional*, e replicado posteriormente nas redes sociais. No vídeo, Prioux e o vice-presidente de Recursos Humanos do grupo, João Senise, afirmaram que o caso de João Alberto não representava os valores da empresa e pediram desculpas à família da vítima. Focando a questão do racismo, que teria motivado a agressão criminosa, Senise afirmou que 57% dos colaboradores do Carrefour no Brasil eram negros e negras e que um terço dos gestores se autodeclaravam pretos ou pardos. Mais críticas, pelo tom impessoal dos dois executivos, que pareciam estar lendo a mensagem, sem demonstrar verdadeira empatia.

O mercado financeiro chegou a castigar a empresa – na segunda-feira seguinte ao ocorrido, as ações do Carrefour registraram uma queda de 5,35%, a maior do pregão naquele dia, o que significou uma perda de R$ 2,16 bilhões em valor de mercado. Na França, sede do grupo Carrefour, os papéis da companhia acumulavam queda de 6,97% no mesmo dia. O incidente foi tema do noticiário em praticamente todo o mundo, principalmente na mídia francesa, que aproveitou para criticar outros incidentes semelhantes em outros países.

Mas o grande prejuízo veio realmente na imagem da empresa no Brasil. Mesmo em 2023 se discutiam as consequências do caso, que é debatido em artigos e palestras sobre gerenciamento de crise de imagem. A grande questão é: com um histórico tão vasto de incidentes, por que a companhia não se preparou melhor para as crises? Por que não treinou seus funcionários terceirizados e aprimorou os controles internos de acionamento de emergência? A instauração de um comitê de mapeamento de riscos e gestão de crises certamente teria reduzido as chances de os incidentes terem acontecido, e poderiam ter tido uma gestão pós-incidentes mais rápida e eficiente.

Desde o assassinato de João Alberto, o Carrefour tem investido em programas de cidadania, treinamentos internos sobre diversidade, cuidados com animais e ações antirracistas, mostrando que sentiu o golpe e que desta vez quer fazer a coisa certa. Mas é preciso aguardar para ver se a lição foi aprendida. Como vimos, ficar fora da cartilha de ESG que se espalha pelo planeta e continuar exposto a incidentes como os que o Carrefour enfrentou no Brasil pode significar grandes dificuldades no relacionamento com os públicos de interesse e até a impossibilidade de continuar operando.

Disney

Existe uma grande complexidade no jogo de construção e manutenção da reputação, que pode ser uma moeda de troca em situações em que é preciso se posicionar perante a opinião pública e, mais especificamente, seus públicos de interesse. A Disney decidiu jogar esse jogo pelos motivos corretos, mas as consequências, que ainda estão sendo avaliadas, podem mostrar que talvez os resultados não tenham valido a pena.

A empresa iniciou uma batalha judicial contra Ron DeSantis, governador da Flórida, que em março de 2022 assinou a Lei dos Direitos dos Pais na Educação, proibindo as escolas públicas de discutir ou receber instruções em sala de aula sobre orientação sexual ou identidade de gênero. Uma das maiores empregadoras (250 mil empregos diretos e indiretos) e pagadoras de impostos daquele estado (US$ 43 bilhões em 2022), a Disney iniciou uma série de discussões internas sobre a lei e depois se posicionou publicamente contra ela, assumindo uma rara posição corporativa contra uma legislação pública em todo o mundo.

Alguns creditam essa reação ao fato de que o herdeiro da Disney, Charlee Corra, tenha se declarado publicamente transgênero após a publicação da lei, mas a questão é que grande parte dos funcionários da companhia pressionou com greves o então CEO Bob Chapek – que a princípio havia se declarado neutro na discussão – a convencer os políticos a revogarem a lei. E ele fez isso ameaçando cortar as doações da Disney a campanhas e programas públicos do estado.

A reação do governador DeSantis, republicano da ala mais radical da direita norte-americana e eterno candidato à presidência dos Estados Unidos, foi fulminante. Ele revogou diversos benefícios fiscais da Disney e passou para o estado a administração da região onde se localizam os parques da empresa, que havia obtido esse benefício décadas atrás. Isso também implicou a cobrança do pagamento imediato de uma dívida de US$ 1 bilhão que a Disney tinha com os cofres públicos, referente a taxas e custos relacionados à administração privada da região.

A partir daí se desenrolou um dos grandes embates entre a iniciativa privada *versus* poder público do nosso tempo, inflamado por uma violenta batalha nas redes sociais entre liberais e conservadores, defensores e detratores da Disney, ativistas LGBTQIA+ e antipatizantes da causa. Veículos de imprensa tradicionalmente ligados a democratas e republicanos jogaram em suas páginas semanalmente artigos defendendo ou criticando a Disney, levando a questão para um patamar de discussão sobre direitos civis e liberdade de expressão.

No meio dessa batalha, o mercado financeiro não viu com bons olhos a postura de uma empresa privada entrar em briga aberta contra o estado para defender tais valores. As ações da Disney, que em março de 2021 eram negociadas a US$ 200 por unidade, caíram para cerca de US$ 119 em abril de 2022, quando o conflito começou. Isso representa um valor de mercado de US$ 50 bilhões. No final de 2023, o preço da ação já havia caído para cerca de US$ 90, causando grande inquietação nos acionistas da companhia e no mercado financeiro em geral. O negócio estava sofrendo por defender uma posição politicamente correta.

Para tentar reagir e mudar o quadro pessimista, a Disney chamou de volta, no final de 2022, o icônico executivo Bob Iger, que levantara os negócios da Disney por 15 anos e havia deixado a empresa em 2020. Ele voltou para ocupar o lugar de Bob Chapek, que aparentemente não conseguiu fazer a empresa navegar com tranquilidade durante o grave abalo de reputação e saiu como o maior culpado da crise que se instalou. Iger é um executivo muito respeitado no meio empresarial norte-americano, e sua volta poderia permitir à Disney voltar a crescer.

Em agosto de 2023, o governador DeSantis parecia aparentar cansaço com a situação e fez um apelo público para a Disney desistir da ação que movia contra ele próprio como pessoa física, enquanto o estado da

Flórida faria o mesmo com o processo que movera contra a companhia do Mickey Mouse, mas sem que fosse devolvido o que ele chamou de privilégios fiscais que a Disney possuía.

Uma análise em termos de gestão de reputação desse caso mostra que ainda pode custar muito caro à corporação assumir publicamente posições a favor de movimentos sociais ou de determinados extratos de ativismo. Julgamentos futuros dirão se a atitude da Disney foi realmente corajosa ou apenas precipitada.

Enel

É praticamente um consenso o fato de que cuidar da imagem de uma empresa que presta serviços públicos é um dos maiores desafios – se não o maior – para aqueles que cuidam dessa reputação em todos os pontos de contato com os públicos de interesse. O caso da multinacional italiana Enel, responsável pelos serviços de eletricidade na cidade de São Paulo, é um bom exemplo das armadilhas e dificuldades desse caminho escorregadio.

No dia 3 de novembro de 2023, a cidade de São Paulo sofreu um dos maiores apagões de sua história, decorrente de uma tempestade que derrubou centenas de árvores, que por sua vez caíram em cima de milhares de cabos de energia.

Como em muitas cidades brasileiras, o sistema de distribuição de energia elétrica de São Paulo é quase todo feito por postes, que se entrecruzam com galhos de árvores em diversos trechos. Pouquíssimas ruas da cidade já possuem o sistema de fiação aterrada, aquela colocada sob as calçadas e que fica imune à queda de árvores e vendavais.

Embora não tenha sido a primeira vez que um apagão ocorra em São Paulo – aliás, nos meses de verão esse é um fenômeno comum –, o que chamou a atenção nesse caso foi a falta de comunicação da Enel, que opera o sistema privatizado de eletricidade da cidade. Dessa vez, mais de 2 milhões de pessoas ficaram vários dias sem luz, o que afetou o comércio, indústrias, escolas e até hospitais.

Após muito tempo sem dar explicações, o CEO da Enel, o italiano Nicola Cotugno, se manifestou por meio de nota oficial. Culpou os ventos, que teriam sido de intensidade inédita, e a consequente queda das árvores pelos infortúnios. Ou seja, culpou a natureza e eximiu a companhia de qualquer responsabilidade, o que aumentou a fúria dos consumidores e da opinião pública em geral. Em entrevistas, também disse que a solução seria aterrar os fios, o que era bastante óbvio para todos naquele momento, e afirmou que a Enel "está fazendo um trabalho incrível" para resolver o problema da falta de luz. Ficou nítida a falta de empatia com aqueles que sofriam com a situação, como, por exemplo, com a divulgação de medidas mais efetivas para essas pessoas (somente dias depois a empresa resolveu descontar na conta de luz os dias em que os clientes ficaram sem energia). Faltou passar confiança de que a empresa estava trabalhando para que situações como aquela não acontecessem mais e tranquilizar o público sobre a situação, dando, por exemplo, uma previsão de quando os serviços seriam retomados. Em vez de assumir o erro e chamar a responsabilidade para si, repassou a culpa para as pobres árvores.

Para piorar a situação, a Enel patrocinou um vídeo do Instagram em que o influenciador e empresário Felipe Titto elogiava o trabalho da empresa durante o apagão e justificava o ocorrido novamente com as condições climáticas e a queda das árvores. Titto orientava as pessoas a registrarem seus problemas de falta de luz no site da empresa, mas milhares de usuários da plataforma se queixaram de que não conseguiam fazer isso, pois o sistema estava travado. Após uma enxurrada de críticas da opinião pública pela ação – as pessoas perguntavam por que o dinheiro do patrocínio não estava sendo usado para melhorar o serviço de eletricidade –, o vídeo acabou sendo apagado no dia seguinte.

A empresa foi multada em R$ 12,7 milhões pelo Procon, e Cotugno foi convocado para depor em CPIs na Assembleia Legislativa – a luz foi cortada no prédio da instituição duas vezes durante os depoimentos – e na Câmara dos Deputados em Brasília, à qual ele não compareceu. No dia 23 de novembro desse mesmo ano de 2023, o executivo deixou o cargo, após ter atuado na Enel por 32 anos, cinco como CEO. Segundo informações da Enel, a aposentadoria de Cotugno já estava prevista, e ele foi substituído por Antonio Scala.

Nike

Muitos acreditam que o movimento #MeToo, que passou a investigar e denunciar casos de assédio sexual contra mulheres, foi totalmente restrito a figuras públicas de grande visibilidade, como artistas e políticos. Mas, em 2018, a Nike se tornou talvez o primeiro grande exemplo de que esse movimento – que segue ativo e relevante até hoje – também se aplicava aos ambientes corporativos. Uma série de revelações bombásticas levou às cordas a maior empresa de vestuário e calçados desportivos do mundo.

Tudo começou no dia 15 de março de 2018, quando o jornal *The New York Times* publicou a matéria "Executivo da Nike se demite; CEO investigará reclamações de comportamento no local de trabalho". A demissão de Trevor Edwards, presidente da Nike nos Estados Unidos e que estava na empresa desde 1992 e no cargo havia mais de dez anos, pegou o mundo empresarial de surpresa. Ele era respeitado entre seus pares e considerado o sucessor natural do CEO Mark Parker. Em um memorando distribuído aos funcionários a respeito da saída de Edwards, a empresa afirmou que "nas últimas semanas, tomamos conhecimento de relatos de comportamentos ocorridos em nossa organização que não refletem nossos valores fundamentais de inclusão, respeito e capacitação".

O mercado não recebeu bem a forma como a notícia foi divulgada, a falta de clareza sobre as circunstâncias que levaram o executivo a se demitir. Mas foi uma questão de tempo para que viesse à luz todo o restante da história, que era ainda surpreendente e chocante. No dia 28 de abril, o mesmo *The New York Times* trouxe todos os detalhes na reportagem "Na Nike, revolta liderada por mulheres leva ao êxodo de executivos do sexo masculino". A matéria mostrou em detalhes como a empresa tinha desenvolvido nos Estados Unidos um ambiente tóxico para as funcionárias, que, inclusive, foi arquitetado para impedir que elas subissem de cargo dentro da companhia. Também relatava inúmeros casos de assédio e abuso sexual, humilhações e intimidações. Como o título da matéria indica, a revolta tinha começado alguns meses antes, quando algumas executivas da empresa, sentindo-se prejudicadas em sua carreira, iniciaram uma pesquisa com outras funcionárias para recolher relatos e experiências, de forma anônima – muitas tinham medo de ser retaliadas e perder o emprego –, relativas a assédio e sexismo. Algumas histórias eram chocantes, como chefes tentando beijar subordinadas à força e um diretor que chamava sua assistente de "vadia estúpida", além de executivas altamente capacitadas que ficavam mais de cinco anos aguardando uma promoção, enquanto seus colegas masculinos eram promovidos em muito menos tempo.

O resultado do levantamento foi entregue ao CEO Mark Parker no dia 5 de março, que imediatamente passou a se mexer para tentar deter a revolta. A demissão do presidente Edwards e de outros altos executivos foi a primeira tentativa de conter os ânimos das funcionárias e evitar que a crise chegasse à opinião pública. Mas àquela altura não havia mais como deter a onda de denúncias e descontentamento revelada pelo *NYT* em 28 de abril. A imprensa colocou foco total nos desdobramentos da crise, e a cada semana novos detalhes do ambiente interno sexista e opressivo da Nike eram divulgados na imprensa, gerando um grande debate sobre como as empresas também deveriam se engajar no movimento que exigia condições iguais para homens e mulheres no ambiente de trabalho e o fim do assédio de executivos sobre subordinadas, entre outros temas que estavam definitivamente se consolidando na sigla ESG (notadamente no S de social, como já vimos aqui anteriormente).

Em outubro de 2019, o próprio CEO Mark Parker deixou o cargo, desgastado pelo episódio da revolta das funcionárias e também pelo escândalo de *doping* protagonizado por Alberto Salazar, treinador de atletismo apoiado pela Nike, e Jeffrey Brown, médico que trabalhou com atletas do programa Oregon Project, patrocinado pela empresa. E-mails mostraram que Parker supostamente sabia das irregularidades desde 2009 e não tomou nenhuma atitude.

A partir do episódio da revolta, a Nike iniciou uma revisão abrangente das suas operações de recursos humanos, tornando obrigatória a formação em gestão para todos os executivos e revendo muitos dos seus procedimentos de denúncias nos canais internos. Criou também uma diretoria de diversidade e inclusão, o que hoje é uma prática muito comum em diversas companhias em todo o mundo. Da forma mais dura, e sofrendo grandes danos à sua reputação naquele momento, a Nike ajudou o mundo corporativo a descobrir que os tempos tinham mudado e que era preciso ter um novo olhar sobre o tratamento igualitário de gênero nas empresas.

Odebrecht

O caso mais antigo desta lista também é o mais necessário. Ainda que já tenha se falado quase tudo sobre ele, suas consequências no universo da gestão corporativa se fazem sentir até hoje. Se existisse um roteiro sobre como a reputação de uma empresa familiar gigantesca e poderosa pode ruir a ponto de quase inviabilizar a própria existência do negócio, a história da Odebrecht seria o modelo perfeito. Talvez nunca tenhamos visto no Brasil a força dos fatos e das impressões por eles geradas terem tanto impacto na sobrevivência de uma companhia gigantesca e poderosa, que, até então, parecia sólida como titânio e aparentemente indestrutível.

A empresa foi fundada pelo engenheiro Norberto Odebrecht em 1944, em Salvador, na Bahia, e chegou a ter projetos e escritórios em 21 países. Seus tentáculos de espalhavam por áreas como construção civil, rodovias, metrô, petroquímica e até usinas hidrelétricas. Era proprietária ou tinha participação em dezenas de empresas de diversos setores, e chegou a empregar 75 mil pessoas (em 2023 calcula-se que esse número tenha sido reduzido em 70%).

Em 2014, a Odebrecht foi uma das acusadas na Operação Lava Jato e admitiu ter pagado propinas a políticos e figuras públicas no Brasil e no exterior para obter vantagens em concorrências e na execução de obras em diversos setores. Foi o início de uma avalanche que foi consumindo as empresas do grupo na fogueira das acusações de corrupção, e em março de 2016 o então presidente da empreiteira, Marcelo Odebrecht, foi condenado a 19 anos e 4 meses de prisão por corrupção, lavagem de dinheiro e associação criminosa. A prisão foi acompanhada de uma briga pública entre Marcelo e seu pai, Emilio, filho de Norberto e antigo presidente, sobre os procedimentos que a empresa vinha tomando um pouco antes e durante a crise, o que levou a uma ruptura escandalosa entre os dois.

Em dezembro de 2016, a Odebrecht admitiu publicamente o pagamento de propina para políticos em 12 países e assinou acordos de leniência nos Estados Unidos e na Suíça, além do Brasil. Com dívidas de quase R$ 100 bilhões, o grupo entrou com pedido de recuperação judicial em junho de 2019.

Nada mais parecia faltar nesse espetáculo de notícias ruins e desabonadoras. A imagem da companhia foi a pique e era preciso se reinventar para continuar viva. Em dezembro de 2020, o grupo adotou o nome Novonor, para forçar uma desassociação com o nome original e tentar uma recuperação de sua imagem no mundo dos negócios. Algumas de suas empresas, que também levavam Odebrecht no nome, tiveram as marcas alteradas.

Há indícios de que a imagem do grupo começa a reagir, as dívidas estão sendo renegociadas e novos negócios têm sido fechados. A Novonor divulgou em 2022 que registrou nota acima de 70 pontos no índice RepTrak, do Reputation Institute, o que indica uma posição privilegiada. Mas parece cedo para concluir que a tempestade já passou. Até que ponto os resquícios do maior escândalo de corrupção que o país já teve serão esquecidos de uma vez? O quadro enfrentado pela Odebrecht foi tão dramático e rumoroso que se torna difícil tirar dele apenas uma ou duas lições sobre gestão de reputação.

Entre acusações de corrupção e pagamento de propina, negócios ilícitos e outros malfeitos, a empresa se comunicou pouco com a opinião pública durante a crise e transferiu sua defesa e sua narrativa para os advogados em ação nos tribunais. Durante todo o processo, várias explicações foram dadas e comunicados foram emitidos, mas o que fica hoje de residual é a impressão de que, quando tudo realmente está perdido em termos de reputação, o melhor a fazer é esperar a tempestade passar e recomeçar do zero, com todas as lições aprendidas.

United Airlines

Depois que as viagens de avião se tornaram um dos meios de locomoção mais populares e acessíveis do planeta, aumentaram também os casos de crise na relação entre as companhias aéreas e passageiros, quase em sua totalidade por culpa das primeiras. Há um extenso prontuário dessas empresas em que todo tipo de erro, despreparo, falta de atenção e consideração com o consumidor e até mesmo negligência aparecem com uma frequência assustadora. Entre todas essas, a United Airlines se destacou em um episódio que uniu muitos desses elementos de uma vez só, e acabou criando uma grande reflexão na indústria da aviação civil sobre o tratamento dado a passageiros em situações extremas.

Em 9 de abril de 2017, a companhia quis acomodar quatro funcionários no voo 3411 do Aeroporto Internacional O'Hare, em Chicago, para Louisville, em Kentucky. A companhia aérea ofereceu uma compensação de US$ 400 em *vouchers* de voo para quem aceitasse ceder seu lugar para os funcionários, e, como ninguém se apresentou, a oferta foi dobrada. Mas ninguém se interessou, até porque era o último voo do dia para aquele destino.

Aí começaram os problemas. Quatro passageiros foram selecionados aleatoriamente para ceder seus lugares involuntariamente. Três obedeceram, mas o quarto, o dr. David Dao, recusou, dizendo que teria que trabalhar no hospital no dia seguinte. A segurança do aeroporto foi chamada, e o dr. Dao foi arrancado do assento, gritando. Houve uma luta com os seguranças e ele foi arrastado para fora do avião, inconsciente e com a boca ensanguentada. O que a United não previu é que inúmeros passageiros estavam filmando a cena com seus celulares e rapidamente a postaram em suas redes sociais. Em poucos minutos o episódio já havia viralizado e chegado às redes de rádio e TV. O escândalo estava instalado.

No dia seguinte, a situação piorou, quando o CEO da companhia, Oscar Munoz, soltou um comunicado oficial incrivelmente frio e impessoal, colocando a culpa do incidente no passageiro, que chamou de "perturbador e beligerante". Para Munoz, todo o episódio da remoção violenta do dr. Dao foi apenas "um esforço da tripulação para reacomodar os passageiros". Imediatamente, o valor das ações da empresa passou a cair, chegando a uma perda de US$ 250 milhões em uma semana. O valor da *holding* da companhia aérea, a United Continental Holdings, caiu mais de 4% antes do meio-dia, reduzindo o seu valor em quase US$ 1 bilhão. Um intenso movimento de boicote à United foi criado nas redes sociais, e o assunto foi o tema mais comentado de várias plataformas por mais de uma semana.

No dia 11 de abril, o site CNN Money publicou um artigo com o título "United Airlines mostra como transformar uma crise de relações públicas em um desastre total", lembrando, de forma irônica, que o senhor Munoz havia sido nomeado "Comunicador do Ano" nos Estados Unidos pela revista *PR Week*, apenas um mês antes do incidente do voo 3411.

Na mesma data, a revista *Forbes* publicou um artigo com o título "Como a United se tornou a companhia aérea mais odiada do mundo em um dia". O texto alegava que a gestão de imprevistos na indústria de aviação "torna a preparação para crises relativamente fácil, embora horrível, contemplando desde um acidente, a perda de um avião, as dificuldades ou falhas mecânicas, longos atrasos meteorológicos, falhas de tráfego aéreo, até terrorismo ou mesmo *overbooking*", o que tornaria previsível e até obrigatório que a United lidasse com seus clientes "com compaixão, humanidade, força e confiabilidade". O jornal britânico *The Guardian* publicou também o artigo "As companhias aéreas americanas são desavergonhadas, mas a United acaba de estabelecer um novo patamar", lembrando que o *slogan* das campanhas publicitárias da empresa era "Voe pelos Céus Amigáveis".

No mesmo dia 11 de abril, percebendo a gravidade do caso e a dimensão que o episódio estava ganhando, o CEO Munoz soltou três comunicados em sequência. No primeiro, divulgado ao público, mostrou um pouco de compaixão ao afirmar que se tratava de "um acontecimento perturbador para todos nós [...]. Peço desculpas por ter que reacomodar esses clientes. [...] Estamos entrando em contato com esse passageiro para falar diretamente com ele e abordar e resolver essa situação."

Em seguida, em mensagem dirigida aos funcionários, Munoz segue colocando a culpa do incidente no passageiro que "desafiou as regras" das autoridades de aviação, mas ressalta que "tratar os nossos clientes e uns aos outros com respeito e dignidade está na essência de quem somos, e devemos sempre lembrar disso, não importa quão desafiadora seja a situação".

No final do mesmo dia, percebendo que o fogo da reputação continuava a arder na imprensa e nas mídias sociais, o sr. Munoz solta novo comunicado aos empregados. "O acontecimento verdadeiramente horrível que ocorreu nesse voo suscitou muitas reações em todos nós: indignação, raiva, decepção. Compartilho todos esses sentimentos, e um acima de tudo: minhas mais profundas desculpas pelo ocorrido. Tal como vocês, continuo perturbado com o que aconteceu nesse voo e peço sinceras desculpas ao cliente removido à força e a todos os passageiros a bordo. Ninguém deveria ser maltratado dessa forma", afirmou.

Como é comum acontecer nesses casos, a crise crescia em progressão geométrica, chegando a comissões de defesa de consumidores do

Congresso norte-americano, onde o sr. Munoz foi convocado a depor sobre o incidente. Warren Buffett, que tem ações de companhias aéreas em seu portfólio, disse que a United cometeu um "erro terrível" e que a percepção do público foi influenciada pela reação inicial do CEO. Donald Trump – sempre ele –, que então era o presidente dos Estados Unidos, chamou o episódio de "situação horrível".

Após chegar a seu pico, no final de 2017, a crise do passageiro do voo 3411 da United Airlines começou a arrefecer. Mas ficaram as lições de como não proceder em um caso semelhante, inclusive como padrão para outras companhias aéreas e autoridades aeroportuárias em todo o mundo desde então. Mesmo que a brutalidade do episódio, cujo registro em vídeo incendiou as redes sociais, tenha sido o estopim da crise, a gasolina que manteve a fogueira da reputação da empresa queimando veio das reações desastradas de seu CEO. Sua demonstração de indiferença e frieza no dia do incidente, que foi sendo trocada por uma aparentemente falsa empatia com o dr. Dao nos comunicados seguintes, mostra como é preciso estar preparado para reconhecer erros e parecer humano em situações semelhantes.

Vale

É necessário afirmar que não existe sorte ou azar no jogo da reputação. Existe, sim, preparo permanente para enfrentar o pior e o melhor, mas não há garantia de que isso seja válido em 100% dos casos. Esse conceito é ainda mais latente ao analisarmos o caso da Vale e os acidentes em que esteve envolvida nos últimos anos. Assim como outros segmentos sensíveis citados aqui, o da mineração tem um alto teor de risco no que se refere a crises de reputação, pela própria natureza do negócio. A Vale é uma das maiores empresas de mineração do mundo, além de grande operadora de logística. Como vimos nos casos apresentados nesta obra, quanto maior a empresa, mais difícil é manter sob controle a gestão de sua reputação.

Essa realidade tornou-se particularmente perceptível em 5 de novembro de 2015, quando uma barragem operada pela Samarco se rompeu no município mineiro de Mariana, causando a morte de 19 pessoas. O rio de dejetos de minério causou uma catástrofe ambiental, na bacia do Rio Doce, e chegou a poluir até a foz do rio, desaguando no Oceano Atlântico. A Samarco tem a Vale como principal acionista, ao lado da mineradora anglo-australiana BHP Billiton. Como uma das maiores empresas do Brasil, a Vale teve sua imagem envolvida no acidente de sua controlada e as responsabilidades pelo ocorrido começaram a se misturar no desenvolvimento do caso. Era a primeira vez que o Brasil assistia a uma tragédia dessa dimensão, e as cenas de casas e carros cobertos pela lama inundavam as TVs durante 24 horas por dia. Ficava a pergunta: em que medida a Vale tinha ingerência na administração da Samarco a ponto de ter responsabilidade desastre de Mariana? Artigos da imprensa na época sugeriram que a Vale tentou descolar sua imagem da crise e das responsabilidades da Samarco.

Na esteira do acidente, diversos problemas sobre a manutenção da barragem e acusações de negligência passaram a surgir na imprensa e nos meios políticos. A Samarco, atordoada pelos acontecimentos, demorou para se pronunciar sobre o ocorrido, e o fez oficialmente apenas em 17 de novembro, em uma entrevista coletiva. Todas as explicações e pedidos de desculpa pareceram pequenos diante da dimensão da tragédia. Em janeiro de 2016, o presidente Ricardo Vescovi e o diretor de operações Kleber Terra foram indiciados pela Polícia Federal por crime ambiental e pediram afastamento de suas funções na companhia para poder se defender.

Por força de um Termo de Transação e Ajustamento de Conduta (TTAC) assinado pela Samarco e suas acionistas Vale e BHP Billiton com o governo federal e os estados de Minas Gerais e Espírito Santo, foi criada a Fundação Renova, que gastou um total de R$ 36 bilhões em ações sociais e ambientais entre 2015 e 2023.

Quando tudo parecia superado para a Vale, apesar do andamento das ações indenizatórias na justiça, o pior voltou a acontecer. Em 25 de janeiro de 2019, houve o rompimento de barragem em Brumadinho (MG), que resultou na morte de 272 pessoas. Era uma operação totalmente de responsabilidade da Vale, e era hora de ver se as lições da tragédia de Mariana, ocorrida apenas quatro anos antes, haviam sido aprendidas. Um bom sinal vinha do fato de que, em maio de 2017, quando assumiu a presidência da companhia, Fabio Schvartsman bradou: "Mariana nunca mais!".

Entre críticas aos planos de contingência e evacuação (a sirene de alarme nas comunidades próximas à barragem, que deveria ser acionada em caso de emergência, não funcionou), a empresa pôs em marcha seu esquema de comunicação razoavelmente rápido, emitindo boletins sobre os resgates e a situação de segurança dos arredores do que havia sobrado da barragem. A defesa institucional da companhia perante o público ficou a cargo de Schvartsman, e aí começaram os problemas. Embora tivesse dito em uma coletiva de imprensa estar "dilacerado" com o que acontecera e ter enumerado as medidas que estavam sendo tomadas para ajudar as vítimas do acidente, ele se negava a assumir plenamente a culpa pelo ocorrido, transferindo a responsabilidade para as empresas que faziam as inspeções na barragem e emitiam laudos atestando sua segurança. Em uma audiência na Câmara dos Deputados, em Brasília, o presidente da empresa disse que a Vale era "uma joia brasileira, que não pode ser condenada por um acidente que aconteceu em sua barragem, por maior que tenha sido a tragédia". Essa declaração incendiou as redes sociais e indignou boa parte da opinião pública. Em vez de lamentar as mortes, Schvartsman preferiu enaltecer a imagem da companhia.

No mercado financeiro, os estragos não demoraram a acontecer. Em poucos dias a companhia perdeu R$ 51 bilhões em valor de mercado, e as principais agências de classificação de risco rebaixaram sua avaliação sobre a Vale. Até 2023 corriam ações de reparação moral e material em diversas instâncias da justiça. Em fevereiro de 2019, após um pedido do Ministério Público e da Polícia Federal (PF), o conselho de administração da empresa determinou o afastamento de Schvartsman e de outros quatro diretores que tiveram algum envolvimento com a tragédia. Desde então, a empresa luta para eliminar o novo passivo de imagem com ações ambientais e sociais no entorno da barragem que se rompeu, principalmente nos vilarejos que foram mais atingidos pela tragédia.

Em termos de gestão de reputação, é notável observar que em um intervalo de quatro anos a Vale foi exposta a duas situações de extrema gravidade, que poderiam ter determinado sua completa extinção, tanto pelo peso da pressão da opinião pública, quanto pelos milionários passivos financeiros gerados pelos acidentes. É provavelmente um caso sem paralelo no mundo, na história das grandes empresas (com exceção, talvez, da Boeing, como vimos anteriormente).

Os dois acidentes deixam muitas questões: até que ponto a segurança – ou a falta dela – de uma operação de alto grau de insalubridade pode prescindir de um complexo e amplo plano de gestão de riscos e reputação? E em quanto tempo é possível torná-lo mais robusto e incorporar o aprendizado de crises anteriores? Não há dúvida de que uma companhia com o porte e a relevância da Vale poderia e deveria estar mais bem preparada para enfrentar esse tipo de acidente, mesmo considerando suas gigantescas proporções. Não era novidade para ninguém que um dos problemas das barragens de minério é que elas podem se romper, como já havia acontecido no passado em diversos países.

Talvez somente uma análise desse caso em alguns anos traga mais respostas a essas perguntas.

VW

Neste último caso, podemos de novo lembrar aquela máxima de Warren Buffett, sobre os vinte anos para construir uma reputação e os cinco minutos para destruí-la.

O automóvel é um dos bens mais caros que um consumidor médio pode adquirir em qualquer lugar do mundo, e até há pouco tempo a reputação do fabricante era o maior fator de influência na hora de escolher qual modelo comprar. Seria exagerado dizer que a Volkswagen sozinha mudou esse cenário para pior, mas o caso escandaloso em que a empresa se envolveu mostrou ao mundo que ninguém está a salvo de cair nas armadilhas da imagem pública devido a erros e malfeitos de sua estratégia de negócios.

Em setembro de 2015, o mundo foi apresentado ao que ficou conhecido como "Dieselgate" ou "Emissionsgate", quando a Agência de Proteção Ambiental (EPA, na sigla em inglês) dos Estados Unidos anunciou que acreditava que a Volkswagen tinha manipulado os testes de emissões de poluentes de alguns de seus modelos para obter a certificação que permitia comercializá-los no mercado local.

Segundo esses relatos, a companhia alemã – que sempre apareceu em *rankings* de empresas mais admiradas e respeitadas em todo o mundo – tinha deliberadamente alterado o *software* que controla a emissão de poluentes dos motores a diesel durante os testes realizados pela EPA. Na realidade, em uso comum e sem a alteração no *software*, os níveis de emissão poderiam ser até 40 vezes superiores ao limite aceitável de nitrogênio. A partir da denúncia, autoridades ambientais de todo o mundo passaram a investigar os testes a que esses modelos tinham sido submetidos, e chegou-se a indicar que a fraude poderia envolver cerca de 11 milhões de carros, fabricados entre 2009 e 2015.

Bem, esse foi o primeiro problema, e a Volkswagen poderia ter feito um pedido formal e sincero de desculpas e encerrado a crise naquele momento. Afinal, quem não comete erros? Mas, contrariando a lógica da gestão de reputação – ou talvez acreditando mesmo que não tinha culpa no episódio –, a companhia alemã passou os dois anos seguintes negando a irregularidade, recorrendo a dispositivos legais para escapar das punições das autoridades governamentais.

No entanto, as consequências do episódio foram se desenrolando. Na mesma época da divulgação do escândalo, o CEO da Volkswagen, Martin Winterkorn, renunciou, e outros executivos da Audi e da Porsche – outras marcas do Grupo Volkswagen –, assim como da própria Volkswagen, foram suspensos ou passaram a ser investigados. Antes de renunciar, Winterkorn declarou: "Estou chocado com os acontecimentos dos últimos dias e surpreso que uma má conduta em tal escala tenha sido possível no Grupo Volkswagen. Como CEO, assumo a responsabilidade pelas irregularidades. Estou fazendo isso no interesse da empresa, embora não tenha conhecimento de qualquer irregularidade de minha parte". Eloquente ao se eximir de toda culpa, ainda finalizou: "Pessoalmente, lamento profundamente que tenhamos quebrado a confiança de nossos clientes e do público". Winterkorn ainda enfrentou acusações de fraude e conspiração em 2018.

À medida que mais documentos eram revelados e as derrotas nas cortes se sucediam, parecia que não havia mais como a empresa alemã escapar de pesadas punições. Em janeiro de 2017, finalmente a Volkswagen se declarou culpada das acusações e assinou um termo de adequação relativo aos problemas apontados. A companhia concordou em pagar mais de US$ 33 bilhões em multas e acordos judiciais, e ainda estão em curso ações civis – impetradas por proprietários dos veículos afetados – e governamentais nos Estados Unidos e na União Europeia. Segundo a Reuters, apenas na Alemanha há mais de 100 mil processos civis contra a Volkswagen relativos ao caso.

Em uma análise mais profunda, até hoje é difícil entender como uma empresa tão poderosa – em 2023 a Volkswagen era a maior fabricante de veículos do planeta – se envolveu em um episódio que, proporcionalmente, lhe traria ganhos financeiros apenas marginais. É justo supor que tenha sido algo não planejado e aceito corporativamente pela organização, mas a insistência em negar a responsabilidade sobre a fraude deixa mais dúvidas do que certezas. Um pedido de desculpas e a abertura de uma ampla investigação interna (que acabou sendo feita de qualquer maneira, a pedido da justiça norte-americana) teria amenizado muito os danos reputacionais sofridos pela empresa.

Uma estratégia de gestão de imagem eficiente, durante e depois da crise, evitaria os prejuízos de imagem quase irreparáveis – e a internet não deixa que esses fatos sejam esquecidos. Em contrapartida, hoje a Volkswagen é uma das líderes dos programas de emissão zero de poluentes de seus produtos e investe bilhões de dólares em pesquisas para motores não poluentes e movidos a eletricidade. Lição aprendida.

Como "benefício" do episódio, como sempre acontece, fica o aprimoramento dos testes de poluentes das autoridades governamentais e a adoção de regras mais rígidas para aprovação de motores da indústria automotiva em todo o mundo. Mas é provável que, se pudesse voltar no tempo, a VW não gostaria de ter sido a protagonista dessa história.

Conclusão

O objetivo maior deste livro foi mostrar que fazer a gestão de reputação é uma arte muito mais complexa, escorregadia e incerta do que pode parecer. São tantos elementos envolvidos que mesmo a melhor estratégia pode ruir por causa de um detalhe, geralmente causado por um fator humano. Desde que foi reconhecida como um bem valioso, relevante e difícil de criar e manter, a imagem das grandes corporações se transformou em um ativo permanentemente avaliado e estudado. Não importa o tamanho ou a atividade da empresa, sempre é possível colocar tudo a perder em questão de segundos.

O que se pretendeu aqui foi reunir todos os elementos que formam essa extensa corrente que permeia as organizações e mostrar que o ambiente que as envolve está se tornando cada vez mais perigoso e desafiador. A transformação das redes sociais em tribunais populares em *real time* passou a exigir cuidados inimagináveis há algumas décadas. Qualquer falha ou escorregão nas vendas de um produto ou prestação de um serviço pode viralizar e exterminar, em questão de horas ou minutos, uma reputação que demorou anos ou décadas para ser construída. A falta de controle sobre a emissão de informações nas redes tornou-se um ponto de atenção máxima para todos que zelam por sua imagem pessoal ou empresarial. A partir de um aparelho celular em qualquer lugar do planeta, qualquer pessoa pode emitir uma opinião ou fazer uma denúncia com potencial de detonar uma crise corporativa.

Some-se a isso a atuação dos influenciadores digitais, que passaram a ser embaixadores e porta-vozes de marcas, fazendo a opinião pública acreditar que se trata de partes de um mesmo todo. Mas, como é uma atividade humana, mostraram também que deslizes e a falta de sincronização entre intenção e realidade criaram situações que põem em dúvida se vale mesmo a pena colocar o discurso de sua organização na boca de alguém que nem sempre comunga com seus valores.

Como se essa ameaça já não fosse preocupante o suficiente, o alvorecer da inteligência artificial mantém todos em estado de choque e precaução no momento em que este livro é escrito. Além da falta de controle sobre a emissão da informação, consolidada pelas redes sociais, agora não é possível saber se tais informações foram produzidas por um ser humano ou por um *software* que juntou dados disponíveis em todas as fontes do mundo e os compilou num texto, numa imagem, num áudio ou num vídeo sobre pessoas ou empresas. Isso está tirando o sono de multidões de profissionais que trabalham com gestão de reputação, e certamente em pouco tempo vai mudar o quadro em que esse tipo de estratégia é definido. Talvez os próprios *softwares* ou robôs tomem a frente para lidar com essa situação junto às empresas. Até onde irá a interferência e a relevância da inteligência humana nesse processo?

Enquanto esse dia não chega, vimos na avaliação de alguns casos como é complexa e escorregadia a estrada da reputação. Grandes empresas e conglomerados, de todos os tipos de atividade econômica, colocaram tudo a perder por falhas de toda natureza, criando situações em que nem a melhor estratégia de reputação sobreviveria. Muito mais do que reagir a acontecimentos que nem sempre poderiam ter sido evitados, a forma como essas corporações escolheram transmitir a situação à opinião pública acabou jogando contra elas. Um traço presente em todos os casos é um certo menosprezo por falar a verdade desde o primeiro momento, sem importar quão difícil e desafiador isso seja. Esconder, protelar, maquiar e tergiversar faz apenas com que as pessoas se sintam traídas, enganadas ou desvalorizadas.

As novas exigências da sociedade, traduzidas nos padrões de responsabilidade social corporativa (RSC) e em ESG, fazem com que as empresas tenham que rever a todo momento seu papel social e elos da corrente da cidadania. Não basta mais vender bons produtos e serviços, é preciso demonstrar a preocupação com o meio ambiente, com a diversidade, com os problemas sociais e o respeito às liberdades individuais. Os novos padrões de governança exigem que as organizações sejam transparentes e demonstrem a todo momento que seguem boas práticas de administração e gestão. Todas as paredes foram derrubadas, e esconder ou não querer mostrar alguma coisa agora significa um risco considerável para sua reputação. Nada será como antes.

Todas essas mudanças, que chegaram de forma relativamente repentina ao ambiente corporativo, aumentam a pressão sobre os gestores e empresários. Investir em reputação agora é tão importante quanto alocar verbas para novos produtos, tecnologias e sistemas de venda. Os novos CEOs já chegam ao posto com uma grande carga de consciência de que a imagem pública da companhia é seu bem maior, e há uma enorme gama de fatores que compõem esse elemento intangível. Administrá-lo bem é quase uma missão intuitiva, ainda que utilizando critérios objetivos e, às vezes, bens tangíveis.

Ao final, todo o esforço feito por empresas e profissionais de alto gabarito para construir, medir, aferir e valorar a reputação das empresas – como vimos em diversos trechos deste livro – acaba dependendo da ação de executivos que no fundo são apenas seres humanos colocados sob enorme pressão. É como carregar um quadro de Picasso pisando em um chão pincelado de graxa. E talvez seja esse mesmo o grande mistério que faz o círculo da reputação girar, como uma roda-gigante perpétua. Por mais que se invista e se dedique a ela, o frio na barriga e o suor frio do dia a dia sempre nos lembrarão de que a qualquer momento tudo pode desmoronar.